LES
PRINCESSES DE LA RAMPE

Comédie en deux actes, mêlée de chant

PAR

MM. L. THIBOUST ET LÉON BEAUVALLET

AIRS NOUVEAUX DE M. J. NARGEOT

Représentée pour la première fois, à Paris, sur le théâtre des VARIÉTÉS, le 26 février 1857.

PARIS
MICHEL LÉVY FRÈRES, LIBRAIRES-ÉDITEURS
RUE VIVIENNE 2 bis.

1857

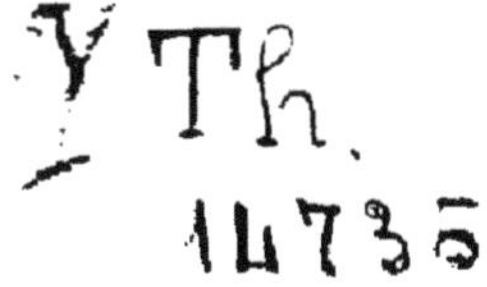

Distribution de la Pièce.

BRIGNOLLE, vieux comédien............	MM. LECLÈRE.
PRINCARRET, rentier.................	AMBROISE.
LUCIEN, son fils, 25 ans...............	CANDEILH.
ALEXANDRE, comédien...............	POTEL.
CORASMIN, coiffeur..................	REYNARD.
UN GARÇON DE RESTAURANT........	ROLLAND.
BRICHARD, comédien.................	HECTOR.
UN EMPLOYÉ du télégraphe électrique..	POULAIN.
SUZANNE............................	Mlles SCRIWANECK.
RÉGINE, comédienne.................	SCHNEIDER.
MADAME TAUPIN, tante de Régine.....	Mme GÉNOT.
MARIE, sœur de Suzanne..............	Mlle ANTONIA.
MADAME RÉMOND, tante de Suzanne et de Marie..........................	Mme DULAC.
CLARA, comédienne..................	Mlles MADELEINE.
FLORINE, idem......................	GEORGINA.
ROSETTE, idem......................	ÉMILIE.
MADAME ROSE, habilleuse............	DUNOYER.

Toutes les indications sont prises de la gauche et de la droite du spectateur; les changements sont indiqués par des renvois au bas des pages.

LES

PRINCESSES DE LA RAMPE

ACTE PREMIER.

Un jardin à Saint-Germain. A droite, une petite maison d'un seul étage, à laquelle on arrive par un perron. Au premier plan, à gauche, une porte basse condamnée, donnant sur un jardin voisin. Près de cette porte, un petit bosquet, avec une table ronde et des chaises de jardin. Au fond, une haie vive traversant le théâtre. Dans le lointain, site pittoresque des bords de là Seine à Saint-Germain. A droite, sur le devant, deux autres chaises de jardin.

—

SCÈNE PREMIÈRE.

MARIE, MADAME RÉMOND. Madame Rémond travaille assise devant le perron. Marie, près de la haie du fond, regarde au loin.

MARIE, avec un soupir.

Je m'étais trompée... ce n'est pas elle... Ainsi elle ne peut plus arriver que par le train d'une heure!... Si elle allait ne pas venir. (Elle s'assied près du bosquet, et travaille à une broderie.)

MADAME RÉMOND.

Sois donc tranquille... elle viendra!...

MARIE.

Voici la première fois qu'elle manque d'aller à la messe avec moi... Oh! comme je vais la gronder.

VOIX à gauche, en dehors.

Ah! ah! Valentin,
Verse, verse,
Verse, verse!
Ah! ah! Valentin,
Verse-moi du vin,
Tout plein!

(Rires bruyants d'hommes et de femmes. Marie s'est levée et est allée s'asseoir près de sa tante; là elle continue de travailler.)

MADAME RÉMOND.

Quel ennuyeux voisinage que celui de ce restaurant.

MARIE.

Et puis, c'est désolant d'entendre ces gens qui s'amusent... quand on est inquiète.

MADAME RÉMOND.

Tu es une enfant... ta sœur aura peut-être manqué le convoi... ou bien elle aura eu des occupations!...

MARIE.

Mais son commerce de marchande d'œufs et de beurre, à la Halle, ne l'occupe que pendant la semaine. Elle ne vend jamais le dimanche.

MADAME RÉMOND.

C'est pour cela que je suis certaine qu'elle viendra.

MARIE.

S'il me tarde de la voir arriver, plus encore que les autres jours, c'est que c'est aujourd'hui sa fête, la Sainte-Marguerite.

MADAME RÉMOND.

Sa fête... c'est vrai.

MARIE, montrant sa broderie.

J'ai fait pour elle ce beau col brodé, et je suis sûre maintenant qu'elle ne viendra pas.

MADAME RÉMOND.

Sois donc tranquille, j'ai pris mes précautions, je lui ai écrit que tu étais un peu souffrante.

MARIE.

Ça l'aura inquiétée... elle m'aime tant !..

MADAME RÉMOND.

Je tenais d'ailleurs à la voir, à l'instruire... de ce qui se passe.

MARIE, troublée, et se levant.

De ce qui se passe!.. tu veux lui parler de M. Lucien?

MADAME RÉMOND, se levant aussi.

Oui, de M. Lucien... notre jeune voisin de campagne... Tu m'as tant suppliée que j'ai fini par le recevoir!.. mais cela peut devenir sérieux, et je dois...

MARIE.

Il est si timide... si respectueux... si gentil !

MADAME RÉMOND.

Gentil, gentil!.. ta sœur ne le connaît pas.

MARIE.

Oh! je suis sûre qu'elle l'aimerait... (Changement de ton.) Et puis, c'est notre voisin.

MADAME RÉMOND.

Ça, c'est une circonstance atténuante, mais... J'ai remarqué qu'il t'occupait beaucoup trop.

MARIE.

Est-ce ma faute si je pense à lui?.. Explique-moi donc, ma tante, pourquoi je suis soucieuse, pourquoi j'ai par moments le cœur serré?... Tu ne dis rien?..

MADAME RÉMOND, à part.

Ma foi, c'est très-embarrassant.

MARIE, avec gaieté.

Eh bien!.. je suis plus savante que toi... je crois que c'est parce que... je...

MADAME RÉMOND, vivement.

Je ne veux rien savoir... Tu diras cela à Marguerite.

MARIE.

A ma sœur!.. eh bien, oui!.. elle est moins sévère que toi... (Voyant Lucien qui entre par la droite.) Ah! M. Lucien!..

SCÈNE II.

LES MÊMES, LUCIEN.

LUCIEN, saluant *.

Madame Rémond... mademoiselle Marie.

MADAME RÉMOND, bas à Marie.

Tu vois!.. encore lui!

MARIE, de même.

Mais puisqu'il est notre voisin.

MADAME RÉMOND, bas.

I abuse du voisinage.

LUCIEN.

Je suis heureux de vous rencontrer, madame Rémond, car c'est une démarche bien sérieuse que je viens faire auprès de vous et de mademoiselle Marie.

MADAME RÉMOND.

Une démarche sérieuse!.. Veuillez vous asseoir, Monsieur. (Marie avance une chaise à madame Rémond, qui s'assied.) Je vous écoute, Monsieur.

MARIE, debout près de sa tante.

Nous vous écoutons.

LUCIEN.

Madame Rémond, j'aime mademoiselle Marie.

MARIE, baissant les yeux.

Ah!

MADAME RÉMOND.

Mais, Monsieur, on n'apprend pas brusquement ces choses-là à une jeune fille.

MARIE, vivement et bas à sa tante.

Oh! ma tante, je le savais déjà.

LUCIEN, s'asseyant.

Ce que j'ai à dire, Madame, vous pouvez, sans crainte, l'entendre l'une et l'autre. J'ai vingt-cinq ans, Madame, et, comme bien d'autres, j'ai pris longtemps le plaisir pour le bonheur, le bruit pour la vie, la fièvre pour l'amour. Je jetais à mes pieds ma jeunesse, mes croyances, tout ce qu'il y avait en moi de noble et de bon. Dieu semblait m'avoir abandonné, lorsqu'un soir... vous en souvenez-vous, Marie?.. je vous rencontrai près

* Mar. mad. Rém. Luc.

de la forêt. Vous donniez le bras à votre tante; de loin, je vous suivis distrait et sans savoir pourquoi! Tout à coup une mendiante s'approcha de vous, et tendit la main; de l'autre, elle tenait un petit enfant... Alors, vous vous êtes arrêtée, vous lui avez donné une pièce de monnaie. « Je prierai le ciel pour vous et pour votre mère, ma belle demoiselle, » dit la pauvre femme. « Je n'ai plus de mère, » lui avez-vous répondu... « priez pour ma sœur qui la remplace maintenant. J'habite cette petite maison blanche que vous voyez là-bas... Venez toutes les semaines... Courage, et à bientôt. » Puis, vous avez continué votre promenade, cueillant çà et là des fleurs dans la rosée... (Se levant.) Il n'y avait pourtant rien d'étrange dans tout ceci. Je vous avais rencontrée, une femme vous avait tendu la main, vous lui aviez fait l'aumône... voilà tout. Et cependant une voix me dit : Aime cette jeune fille!.. Et je vous aime... croyez-moi, Marie... car pour la première fois de ma vie, je suis ému et tremblant... Cet amour est vrai, bien vrai! C'est celui-là que Dieu envoie à ceux qui se sont trompés de route un instant, et qu'il veut ramener à lui!

MADAME RÉMOND, se levant.

Monsieur Lucien, je suis la tante de Marie, mais il y a quelqu'un qui a, plus que moi, le droit de disposer d'elle, c'est madame Bertaud, sa sœur, ou plutôt sa seconde mère... c'est à elle surtout qu'il faut dire tout cela.

LUCIEN.

Ce n'est pas à moi à le lui dire, Madame, (Montrant Princarret qui vient d'entrer par la droite.) c'est à mon père.

SCÈNE III.

LES MÊMES, PRINCARRET.

MARIE ET MADAME RÉMOND *.

Votre père!

PRINCARRET, s'approchant.

Oui, mademoiselle Marie... car je suppose que ce n'est pas Madame qui est mademoiselle Marie...

MADAME RÉMOND.

Je suis sa tante, Monsieur.

PRINCARRET.

J'en étais sûr... je ne me trompe jamais... Madame, je me nomme Princarret et compagnie, de Bordeaux, ex-négociant en vins, actuellement rentier et propriétaire... J'ai six maisons, Madame, et je m'occupe de la septième. Mon fils aime mademoiselle Marie... tant mieux, il va donc se ranger, faire une fin. (A Marie.) En trois ans de temps, Mademoiselle, il m'a mangé cent dix-huit mille neuf cent soixante-quinze francs...

* Mar. mad. Rém. Prin. Luc.

LUCIEN, bas à son père.

Mon père!

PRINCARRET.

Neuf cent soixante-quinze francs... Je ne me trompe jamais.

LUCIEN, de même.

Mais il est inutile de le dire...

PRINCARRET.

Tu les as mangés!.. J'ai payé... n'en parlons plus!... Mademoiselle, je suis enchanté qu'il se marie... Le mariage est une excellente chose... je ne dis pas cela pour moi... madame Princarret m'a rendu fort malheureux... une honnête femme, mais un caractère déplorable. Elle n'est plus, je la regrette; si elle vivait, nous nous disputerions... Enfin, je suis enchanté que mon fils vous épouse, Mademoiselle!.. vous n'êtes pas très-riche, m'a-t-on dit... ça m'est égal... l'argent c'est quelque chose... mais j'en ai pour deux, j'ai pris mes informations: feu votre père et défunte votre mère étaient d'honorables négociants, c'est très-bien; madame votre sœur est la veuve d'un brave marchand à la Halle dont elle continue le commerce, c'est parfait; vous êtes jeune, jolie, vous adorez mon fils, et mon fils vous adore; vous serez très-heureuse en ménage, et vous me donnerez des amours de petits-enfants.

MADAME RÉMOND.

Monsieur!..

PRINCARRET.

Des amours de petits-enfants... j'en suis sûr... je ne me trompe jamais.

LUCIEN.

Mon père espérait trouver ici Madame votre sœur, et lui faire sa demande.

MADAME RÉMOND.

Elle ne peut tarder à arriver.

PRINCARRET, tirant sa montre.

Diable!.. c'est que je suis pressé... une acquisition à faire... une petite maison à Ville-d'Avray... ma septième... une bicoque, dont veut se défaire une artiste, une femme de théâtre. Dans cinq ans, je revendrai ça avec vingt-cinq mille francs de bénéfice. (Musique à l'orchestre.)

MARIE, qui est allée au fond.

Le convoi... oh! je suis certaine qu'elle arrive. (Elle redescend près de Lucien.)

PRINCARRET.

A merveille!

MADAME RÉMOND, le prenant à part*.

Monsieur... ma nièce ne sait rien... et lui demander aussi brusquement...

* Mad. Rém. Prin. Luc. Mar.

PRINCARRET.

Je comprends, Madame, et, j'obéis. Embrassez votre sœur, Mademoiselle, ça me donnera le temps de mettre mes gants, comme il convient à un père civilisé.

MADAME RÉMOND, indiquant la gauche.

Tenez, par la porte du potager.

PRINCARRET.

A tout à l'heure... (Saluant.) Madame... Mademoiselle... (Bas à son fils.) Elle est très-bien, la petite... je suis enchanté... sacrebleu! je suis enchanté, moi! (Il sort avec Lucien par la gauche.)

SCÈNE IV.

MADAME RÉMOND, MARIE, puis SUZANNE.

MADAME RÉMOND, avec agitation.

Ah! que d'événements! et comment Marguerite va-t-elle prendre tout cela!

MARIE, se jetant dans les bras de Suzanne qui entre par la droite *.

Ma sœur!

SUZANNE.

Marie! (A madame Rémond.) Bonjour, ma tante. (Suzanne est mise comme les dames riches de la Halle.)

MADAME RÉMOND.

Bonjour, Marguerite.

SUZANNE, allant s'asseoir à droite.

Viens près de moi, ma chérie, (Marie s'assied auprès d'elle. — Madame Rémond passe à droite, près de Suzanne *.) que je te voie!... que j'embrasse ces bonnes petites joues-là... elle est pâlotte! C'est donc vrai, ce que tu m'as écrit, Thérèse?.. Elle a été malade... et je n'étais pas là... et tu ne m'as écrit cela qu'hier.

MARIE.

Mais non, non, je ne suis pas malade, du tout... nous voulions te forcer de venir, parce que c'est aujourd'hui la Sainte-Marguerite.

SUZANNE.

Ma fête! tu y as pensé!

MARIE, lui donnant sa broderie.

Et voilà ce que je t'ai brodé.

SUZANNE.

Pour moi! un si bel ouvrage! mais tu te seras fatiguée et je ne veux pas de ça... je réponds de toi. Quand notre brave femme de mère nous a quittées... « Marguerite, qu'elle m'a dit, tu ne seras plus la sœur de Marie, tu seras sa mère!.. » Ce mot-là, vois-tu, m'a fait comprendre mon devoir... et le lendemain, je me mis en quête d'un état capable de nous faire vivre toutes les deux... celui que j'ai choisi n'était peut-être pas le

* Mad. Rém. Suz. Mar.
** Mar. Suz. mad. Rem.

meilleur; mais bah! il m'a bien réussi, puisque j'ai pu te faire élever avec soin. Et maintenant que te voilà grande, instruite et bien portante, je ne me repens pas de ce que j'ai fait... viens m'embrasser, ma fille! (Elle l'embrasse.)

MARIE, l'embrassant.

Ma bonne sœur!

SUZANNE, prenant la main de madame Rémond et celle de Marie.

Ah! que je suis heureuse entre vous deux!..

MARIE.

Alors, pourquoi ne viens-tu nous voir que le dimanche?..

MADAME RÉMOND, vivement.

Parce qu'elle n'a pas le temps les autres jours.

MARIE.

Pourquoi n'as-tu jamais voulu nous emmener à Paris?...

SUZANNE, avec embarras, se levant et passant à gauche.

Parce que... parce que l'air de Saint-Germain est très-bon... (Marie se lève et madame Rémond passe à gauche*.) et que celui de Paris... ne vaudrait rien pour toi. Oh! Dieu! Paris!.. je m'y ennuie six jours de la semaine et je n'ai de courage qu'en pensant au septième, mais aussi, le dimanche, quand je monte dans le wagon, j'ai le cœur qui saute de joie.

AIR : *Iwan* (PAUL HENRION).

Il me semble que l' chemin d' fer
Va moins vite qu'à l'ordinaire...
J' voudrais aller d'un train d'enfer...
Le danger, je n' le craindrais guère.
Roulez, vagons! chauffez, vapeur!..
Allez toujours, je n'ai pas peur.
Roulez!.. vite, vite, vite!
Arrivons de suite...
Vite, vite, vite!
Attendre m'irrite.
Quitte à sauter, roulons plus vite...
Pour moi, là-bas, est le bonheur!
Là-bas (*bis.*) m'attend un baiser de ma sœur!
(Elle embrasse Marie.)

MARIE.

Ah! comme c'est bon de t'aimer!

MADAME RÉMOND.

Elle a passé la nuit à travailler pour toi!

SUZANNE.

Vraiment?

MARIE.

Oh! pas toute la nuit... j'ai lu... une brochure que j'avais trouvée dans la chambre de ma tante.

SUZANNE.

Une brochure!.. quéque c'est que ça?

MARIE.

Une pièce de comédie...

SUZANNE.

Une pièce!

MARIE.

Oh! bien amusante. Figure-toi qu'il y a dedans un jeune homme, qu'on prend pour un perroquet et qui s'introduit dans un couvent!.. alors... oh! c'est joliment drôle, va... toutes les demoiselles ont peur d'abord, et puis...

SUZANNE, sévèrement.

Assez... j'avais prié ma tante de t'empêcher de lire des pièces de comédie, des bêtises, des...

MARIE.

Pourquoi cela? j'ai seize ans.

SUZANNE.

Seize ans! déjà?

MARIE, avec une gravité comique.

Oui, Madame... depuis huit jours... et puisque tu es en train de me gronder, eh bien! gronde-moi tout à fait... car j'ai un secret pour toi.

SUZANNE, souriant.

Un secret? dis-le bien vite, pour que je te pardonne.

MARIE, baissant les yeux.

Eh bien!.. (S'arrêtant.) Ma tante, dis-le!.. moi, je n'ose pas.

MADAME RÉMOND, embarrassée.

Mon Dieu!.. c'est que...

SUZANNE.

Ah çà! qu'est-ce que vous avez donc toutes les deux?.. Marie qui rougit, la tante qui baisse la tête, et... (Prenant la main de madame Rémond. — Bas.) Ta main tremble; mais parle donc, tu me fais peur...

MADAME RÉMOND.

Eh bien! ce secret...

SUZANNE.

Ce secret!

PRINCARRET, qui vient d'entrer par la gauche.

Je vais avoir l'honneur de vous le dévoiler, Madame. (Il descend la scène.)

SCÈNE V.

LES MÊMES, PRINCARRET *.

SUZANNE.

Un étranger!

PRINCARRET, saluant.

Princarret et compagnie de Bordeaux, ex-négociant en vins, rentier et propriétaire... je suis riche, Madame.

SUZANNE.

Monsieur, je ne comprends pas.

* Mad. Rém. Prin. Suz. Mar.

PRINCARRET.

Vous allez comprendre dans un instant... Madame, j'ai l'avantage de posséder un fils, un fils unique... que j'adore... bien qu'il m'ait procuré les plus grands ennuis... enfin, il faut que jeunesse se passe... Il veut se ranger... tant mieux... J'oubliais de vous dire que je suis veuf et que je ne me remarierai jamais, ma femme m'ayant rendu fort malheureux. Comprenez-vous, maintenant?

SUZANNE.

Pas encore.

PRINCARRET.

Madame, je n'ai pas l'honneur de vous connaître, mais j'ai l'habitude d'être rond en affaires. Vous êtes la veuve d'un brave marchand; vous-même vendez, m'a-t-on dit, du beurre et des œufs à la Halle... c'est parfait... Votre sœur est bien élevée, elle appartient à une famille honnête... voilà tout ce qu'il me faut... J'ai l'honneur de vous demander sa main...

SUZANNE, avec une grande émotion.

Sa main? la main de ma sœur?

PRINCARRET.

La main de votre sœur... pour la main de mon fils!

SUZANNE, balbutiant.

Mais comment... se fait-il?... ils ne peuvent pas s'aimer.

PRINCARRET.

Ils s'aiment, Madame.

SUZANNE.

Vous en êtes certain?

PRINCARRET.

Je ne me trompe jamais.

SUZANNE.

Comment!... sans se connaître?

PRINCARRET.

Ils se connaissent, ma chère dame.

SUZANNE.

Ils se connaissent!... (Elle regarde madame Rémond, qui baisse les yeux.)

PRINCARRET.

Mon fils adore votre sœur, qui de son côté... (Il a l'air de prendre à témoin madame Rémond, qui passe près de Suzanne.)

SUZANNE, à sa sœur.

Marie!

MARIE.

Oh! ne me gronde pas, petite sœur.

SUZANNE, bas à madame Rémond*.

Oh! Thérèse!...

MADAME RÉMOND, bas.

Que veux-tu?... Marie a seize ans... et, malgré moi,..

* Prin. mad. Rem. Suz. Mar.

SUZANNE, bas.

C'est vrai... Ah! je n'ai pas prévu ce qui arrive aujourd'hui.

PRINCARRET, à Suzanne.

Vous ne répondez pas, Madame.

SUZANNE, passant près de Princarret *.

C'est qu'une pareille demande... je m'attendais si peu... avec ça qu'un mariage... c'est grave, voyez-vous...

PRINCARRET.

Très-grave, Madame.

SUZANNE.

Et... avant d'accepter, j'ai besoin de réfléchir et... surtout... de vous parler, Monsieur.

PRINCARRET.

Parlons, Madame.

SUZANNE.

Non, pas ici... Vous demeurez à Paris, Monsieur?

PRINCARRET.

Le plus souvent, Madame, j'habite Saint-Germain; cependant je serai après-demain chez moi, à Paris... rue de l'Échiquier, no 10.

SUZANNE.

Eh bien! Monsieur, chez vous... j'irai vous voir.

PRINCARRET.

Je suis à vos ordres, Madame... Et nous nous entendrons. J'avais prévu ça dès votre premier mot, et je ne me trompe jamais. A bientôt, Madame. (Il remonte.)

SUZANNE **.

A bientôt, Monsieur.

PRINCARRET, saluant.

Mesdames... (A part, regardant Suzanne.) Elle est très-bien aussi, la sœur!.. Allons, je suis enchanté!.. (Il sort par la droite. — Madame Rémond le reconduit jusqu'au fond.)

SCÈNE VI.

SUZANNE, MARIE, MADAME RÉMOND.

SUZANNE, à elle-même.

Que faire!.. quel parti prendre?..

MARIE, s'approchant de Suzanne et d'un ton câlin.

Tu diras : oui, n'est-ce pas?.. car je puis bien te le dire, maintenant... si ce mariage ne se faisait pas, je crois que j'en mourrais!

SUZANNE.

Mourir, toi!.. mais tu ne m'aimes donc plus?..

MARIE.

Si fait... mais ça n'empêche pas. (On entend les cloches. Musique

* Prin. Suz. mad. Rém. Mar.
** Suz. Prin. mad. Rém. Mar.

à l'orchestre.) Oh! voici les vêpres... Tu vas nous accompagner à l'église?

SUZANNE.

A l'église!.. oui... oui... prends ton chapeau... le mantelet de ta tante.

MARIE.

Tout de suite. (Elle entre dans la maison.)

SUZANNE, à elle-même*.

Elle aime ce jeune homme... elle mourrait, dit-elle : il faut que ce mariage ait lieu... et pourtant!..

MADAME RÉMOND, s'approchant de Suzanne.

Tu m'en veux?

SUZANNE.

Tu n'as donc pas réfléchi?.. mais je n'ai pas le droit de t'en vouloir... ce qui arrive aujourd'hui devait arriver un jour ou l'autre... Je chercherai... je verrai... Seulement, plus de pièces de théâtre...

MADAME RÉMOND.

C'est ta dernière création que je lisais en secret... Je ne sais comment elle l'a prise.

SUZANNE.

Je ne veux pas que Marie lise ces choses-là... Un mot peut tout lui révéler.

MARIE, rentrant avec son chapeau et le mantelet de sa tante**.

Voilà ton mantelet, ma tante. (Elle a fermé la porte de la maison et pris la clef.)

SUZANNE.

Allons, venez, venez vite. (Elles sortent par la droite.)

SCÈNE VII.

(La scène reste un instant vide. — Les cloches de vêpres tintent toujours. — On entend à gauche des rires bruyants.)

ALEXANDRE, puis RÉGINE, CLARA, ROSETTE, FLORINE, BRICHARD; ensuite UN GARÇON DE RESTAURANT.

ALEXANDRE, en dehors.

A la santé de la mère Taupin!..

VOIX, en dehors.

A la santé de la mère Taupin!..

ALEXANDRE, montrant sa tête au-dessus du petit mur de gauche.

Ah! que c'est gentil par ici!.. (Chantant.) Ah! qu'il f'rait donc bon, qu'il f'rait donc bon boire le champagne là-dessous!..

RÉGINE, en dehors.

On demande à voir les jardins d'Armide.

* Suz. mad. Rém.

** Suz. Mar. mad. Rém.

ALEXANDRE.

Mieux que ça... je vous y ferai pénétrer... Brichard, passe-moi ma canne... (On lui passe une canne du dehors.) Attendez... il n'y a qu'un verrou... (Avec sa canne il ouvre le verrou.) Là!.. entrez!.. (Il disparaît... Régine entre, un verre de champagne à la main.)

RÉGINE, entrant.

Oh! le délicieux jardin!.. Par ici, mes enfants! (Entrent Rosette, Florine et Clara, tenant leurs verres. — Elles ont la tête nue et des fleurs des champs dans les cheveux.)

TOUTES, en entrant.

Ah! (Brichard entre et pose une bouteille de champagne sur la table.)

RÉGINE, voyant le bosquet.

C'est charmant pour prendre le café!.

ALEXANDRE, entrant *.

Il y a encore du champagne pour la tante de Régine!.. Dis donc, Régine?.. elle va bien, ta petite tante!..

RÉGINE, s'assayant à droite.

Ouf! que c'est bon de respirer!..

UN GARÇON, entrant par la petite porte **.

Mesdames, Messieurs, vous ne pouvez pas rester ici... c'est une propriété particulière.

FLORINE, à la porte de la maison.

C'est inhabité!.. il n'y a personne. (Elle redescend près de Régine.)

LE GARÇON.

C'est égal, Mesdames... vous ne pouvez pas...

ALEXANDRE, lui donnant de l'argent.

Voilà un franc.

LE GARÇON.

Mais, Monsieur...

ALEXANDRE, de même.

Voilà deux francs...

LE GARÇON, prenant l'argent.

Après ça, du moment qu'il n'y a personne... mais! vous vous en irez tout à l'heure?

BRICHARD.

La carte est soldée?..

LE GARÇON.

Oui, Monsieur. Eh! eh! eh! eh! (Il rit.)

ALEXANDRE.

Pourquoi ris-tu, animal?

LE GARÇON.

Monsieur, je ris parce que vous êtes des acteurs et des actrices.

ALEXANDRE.

Ah!...

* Bri. Ros. Clar. Alex. Rég. Flor.
** Ros. Clar. Alex. Le gar. Bri. Rég. Flor.

LE GARÇON.

Moi, Monsieur, j'avais du goût pour être acteur.

BRICHARD.

Eh bien! pourquoi ne t'es-tu pas mis au théâtre?

LE GARÇON.

Monsieur, ma famille s'y est opposée. (D'un ton chagrin.) Il faut respecter les préjugés de ses parents.

TOUS, riant.

Ah! bravo, le garçon!

ALEXANDRE, le faisant passer à gauche.

Eh bien! va la retrouver, ta famille, imbécile!

LE GARÇON, près de la petite porte, à part.

Ils sont très-gais, ces acteurs!.. (Il sort.)

RÉGINE *.

Quelle bonne idée, que cette partie de campagne!

ROSETTE.

Et quel beau jour que le dimanche!

CLARA.

Pas de répétition!.. pas d'auteurs qui vous assomment!.. (Brichard, Rosette et Clara s'asseyent sous le bosquet.)

ROSETTE.

Pourquoi donc Hermance n'est-elle pas venue?

CLARA.

Hermance? c'était impossible. Elle fait sa vente aujourd'hui.

ALEXANDRE.

Sa vente! encore! mais voilà trois fois depuis deux ans qu'elle fait sa vente.

CLARA.

Tiens, elle a raison, puisque ça lui rapporte.

RÉGINE.

Et qu'il y a un tas d'imbéciles qui achètent tout ça...

ROSETTE.

Imaginez-vous qu'elle vend tout.

ALEXANDRE.

Tout! depuis les canapés, les divans, jusqu'à la lampe de nuit, la table de nuit... six cents francs la table de nuit!

RÉGINE.

Ces bêtas d'hommes. On vendrait des pièces de cent sous qu'ils seraient capables de les acheter dix francs.

ALEXANDRE.

A propos, et Séphélie?

CLARA.

Séphélie? Elle se marie.

ALEXANDRE.

Ah! le malheureux!..

RÉGINE.

Qui?

* Bri. Ros. Clar. Alex. Reg. Flot.

ALEXANDRE.

Je ne le connais pas, mais je le plains.

ROSETTE.

Elle épouse un vicomte!

CLARA.

Va-t-elle faire de l'embarras!

RÉGINE.

Elle qui a déjà l'air si orgueilleux, si fier!..

ALEXANDRE.

Oui, on dirait toujours, à la voir, qu'elle vient de sauver le Capitole.

RÉGINE, se levant.

Tiens, j'ai envie de m'unir aussi, moi... dis donc, Alexandre, si nous allions nous marier ensemble, comme il y aurait des gens attrapés.

ALEXANDRE.

Ah! oui!.. moi, d'abord.

RÉGINE.

Insolent!

FLORINE.

Mais où est donc Brignolle?..

TOUS, appelant.

Brignolle, Brignolle!... (Brichard, Rosette et Clara se lèvent.)

SCÈNE VIII.

LES MÊMES, BRIGNOLLE, paraissant une serviette au cou.

BRIGNOLLE, entrant par la petite porte et prenant le verre d'Alexandre*.

Voilà! voilà! (Élevant son verre.) Attention au commandement: apprêtez armes!... joue! feu!... (On boit.) Ah! Clara a fini la dernière!.. à l'amende!..

CLARA.

N'y a pas d'amendes, aujourd'hui! ça t'ennuie ça, régisseur!.. (On remet les verres sur la table.)

BRIGNOLLE.

On ne l'a pas toujours été, régisseur... Il fut un temps où, moi aussi, j'étais comédien! et j'avais autant de chic qu'un autre... Il fut un temps où l'on me faisait mon entrée!.. maintenant on fait l'entrée de tout le monde!.. Et les femmes donc!.. J'ai papillonné, mes enfants, j'ai papillonné!..

RÉGINE.

Bon! voilà Brignolle qui va nous raconter ses conquêtes.

BRIGNOLLE.

Hé! hé! pourquoi pas. (Prenant sous le bras Régine et Clara.)

* Bri. Ros. Alex. Clar. Brign. R[illegible].

AIR : Finale de *la Mansarde du crime.*

Si je voulais chercher un peu,
Je trouverais plus d'une histoire.
Et d'amour et même de gloire
Chacun a sa part du bon Dieu!
D'un pauvre acteur et d'une actrice,
Braves gens roulant peu sur l'or,
Je naquis... dans une coulisse...
Pendant qu'on changeait le décor.
A vingt ans, j'eus bien des lauriers ;
J'avais de l'œil et du physique ;
Je fis un début magnifique
Dans l'emploi des jeunes premiers.
Quand je jouais *la Tour de Nesles,*
Les femmes, à chaque tableau,
En braquant sur moi leurs jumelles,
Disaient : que ce Brignolle est beau !
Alors, que de soupers exquis !..
Que d'aventures !.. que de femmes !..
J'étais l'enfant chéri des dames,
Et le désespoir des maris!
Mais tout vieillit, amour et joie.
Un matin, autour de mes yeux,
Le temps mit une patte d'oie...
Les rides vinrent... j'étais vieux!..
Et maintenant, mes bons amis,
Je ris, en rencontrant ces belles,
Essaim de vieilles Isabelles,
Qui me faisaient pleurer jadis.
Je suis régisseur et je gagne
Juste dix-huit cents francs par an ;
Je n'ai ni rentes, ni campagne...
Pourtant, je vis libre et content !..
Oui, le bohème a son bonheur ;
La gaîté dore ma chambrette ;
J'ai des cheveux blancs sur la tête,
Je n'en ai pas un dans le cœur.
Je n'ai rien... c'est trop véritable...
Le trois pour cent m'est inconnu...
Mais, en riant, le pauvre diable
Partira comme il est venu !
Vous voyez qu'en cherchant un peu,
Je trouverais plus d'une histoire...
Et d'amour et même de gloire
Chacun a sa part du bon Dieu !..

TOUS.

Nous voyons qu'en cherchant un peu,
Il trouverait plus d'une histoire, etc.

SCÈNE IX.

LES MÊMES, MADAME TAUPIN.

MADAME TAUPIN, entrant par la petite porte ; elle tient des fraises sur une feuille de vigne *.

Ma nièce?.. où est ma nièce?.. qu'est-ce qu'on a fait de ma nièce?..

RÉGINE.

Me voilà, ma tante.

BRIGNOLLE.

Régine, je te signale madame Taupin comme ayant chipé des fraises dans un champ.

MADAME TAUPIN.

Ce n'est pas vrai ! (Elle cache ses fraises derrière elle ; Alexandre les lui prend et les mange avec Rosette et Clara.)

BRIGNOLLE.

Prenez garde, madame Taupin... on est très-sévère... pour les mamans d'actrices, qui chipent des fraises.

MADAME TAUPIN.

Vous n'êtes qu'un vieux mal élevé ! D'abord, je ne suis pas mère d'actrice... je suis...

BRIGNOLLE, riant.

Allons donc ! Parce que votre tartan s'est déguisé en cachemire, vous croyez que l'on ne vous reconnaît pas?..

MADAME TAUPIN.

Je suis la tante de Régine, pas vrai, ma nièce?

RÉGINE.

Oui, maman. (Se reprenant.) Oui, ma tante. (On rit.)

BRIGNOLLE.

Là !.. vous voyez !

RÉGINE.

Ah ! vous me taquinez toujours !.. C'est ennuyeux le théâtre !.. être mortifiée comme ça... et pour gagner deux mille francs par an encore... Ma foi, j'ai acheté il y a quinze jours une petite propriété de cinquante mille francs, à Enghien !.. j'ai envie de m'y retirer avec des poules !..

MADAME TAUPIN.

Et avec ta tante. (Regardant Brignolle.) Sa tante, Monsieur !..

BRIGNOLLE.

C'est convenu !

MADAME TAUPIN.

Du reste, je vous méprise.

BRIGNOLLE.

Et vous avez bien raison... ça vous soulage et ça ne fait de mal à personne. (Bas.) Dites-donc, la tante, entre nous, comment se nomme son papa?

* Bri. Ros. Clar. Alex. mad. Taup. Brign. Rég. Flor.

MADAME TAUPIN.

Son... papa?..

BRIGNOLLE.

Oui, le papa de cette petite... nièce-là...

MADAME TAUPIN, avec hauteur.

Ça n'est pas de votre monde... C'est des Messieurs que vous ne connaissez pas.

BRIGNOLLE.

Bravo, la vieille!

MADAME TAUPIN, furieuse.

La vieille ! (Elle passe à droite et s'assied.)

RÉGINE *.

Voyons, monsieur Brignolle, finissez de tourmenter ma tante...

CLARA.

Oh! Brignolle n'a qu'une amitié!..

TOUS.

Suzanne!

BRIGNOLLE.

Suzanne!... Celle-là, c'est autre chose! une pauvre enfant que j'ai vue débuter, qui s'est faite comédienne par dévouement, par vertu... Oui, ça vous étonne?.. je conçois... c'est rare, mais c'est comme ça... Je la vois encore, le jour de son début... avait-elle peur... Bon Dieu!... la pauvre petite !... elle tremblait comme la feuille!.. Dame! quand il s'agit de paraître devant le public, on a là un petit traque!.. Je jouais avec elle un bout de rôle... j'étais si troublé que j'ai manqué de mémoire et que le public m'a sifflé!.. Ça m'était bien égal... on l'applaudissait, elle, ma petite Suzanne, et j'aurais volontiers dit au public : encouragez-la.. Moi je suis un enfant de la Halle, habitué aux orages, aux sifflets... Je suis vieux... je deviens un peu... ganache... quelquefois ma mémoire me fait défaut... C'est votre droit de n'être pas contents... usez-en ; mais applaudissez toujours ma petite Suzanne... applaudissez-la bien fort... et quant à moi, si ça vous amuse de me siffler... eh bien, dame! sifflez-moi, mes enfants... elle a du talent et je n'en ai plus... elle commence et je finis! chacun son tour!

ALEXANDRE, lui serrant la main.

C'est bien ça, mon vieux!

BRIGNOLLE.

Que c'est bête!... voilà que je suis émotionné... Madame Taupin aussi est émotionnée.

MADAME TAUPIN, se levant.

Ça n'est pas vrai.

BRIGNOLLE, allant à elle **.

Elle l'est tellement qu'elle en perd la plume de son chapeau... Tenez!..

* Bri. Ros. Clar. Alex. Brign. Rég. Flor. mad. Taup.
** Bri. Ros. Clar. Alex. Rég. Flor. Brign. mad. Taup.

MADAME TAUPIN.

Ne me touchez pas, Monsieur, je vous le défends !

BRIGNOLLE, tendant les bras.

Madame Taupin, j'ai envie de vous embrasser.

MADAME TAUPIN, passant à gauche suivie de Brignolle *.

Ah! l'horreur d'homme!.. Et n'avoir pas un mari pour me protéger.

BRIGNOLLE.

C'est terrible quand on a eu tant de futurs.

MADAME TAUPIN.

Tenez, vous m'ennuyez!..

ALEXANDRE, venant entre Brignolle et madame Taupin **.

Allons, voyons, mes enfants, nous ne sommes pas venus ici pour nous disputer!..

TOUS.

Il a raison!... (Régine et Brignolle vont s'asseoir à droite.)

MADAME TAUPIN ***.

Eh bien, alors, mon bon monsieur Alexandre... vous qu'avez *une* si *jolie* organe, chantez-nous donc une petite chanson.

TOUS.

Ah ! bravo !

ALEXANDRE.

Oui, celle que j'ai composée et dédiée à ces dames.

MADAME TAUPIN.

Je demande à la chanter.

ALEXANDRE, vivement.

Non, merci !..

TOUS.

Oh! non!...

ALEXANDRE.

J'aime mieux que ça soit Régine.

TOUS.

Oui, Régine !..

RÉGINE, se levant.

Non, je ne suis pas en voix.

BRIGNOLLE, se levant.

Il y a longtemps que je la connais celle-là!... Tu n'es pas en voix... mais tu vas chanter comme un ange !.. (Régine passe au milieu.)

ALEXANDRE.

Brichard, remplis les verres... on choque au refrain. (Il descend à la gauche de Régine. Brignolle et Florine s'asseyent à droite.)

* Bri. Ros. Clar. Alex. mad. Taup. Brignl Rég. Flor.
** Bri. Ros. Clar. mad. Taup. Alex. Brign. Rég. Flor.
*** Bri. Ros. Clar. mad. Taup. Alex. Flor. Rég. Brign.

RÉGINE *.

PREMIER COUPLET.

Air nouveau de J. NARGEOT.

Il existe à Paris des reines,
Dont les couronnes sont, dit-on,
En carton!

TOUS.

En carton!

RÉGINE.

Et ces fragiles souveraines
Ont, pour palais ruisselant d'or,
Un décor!

TOUS.

Un décor!

RÉGINE.

Reines du soir, dont, sans mystère,
Tous les sourires sont pour vous...
Entrez!.. c'est deux francs au parterre...
Entrez!.. c'est aux stalles... cent sous!..
Ding!.. ding!..
(On choque les verres.)
Insouciance!
Indépendance!..
De leurs États, ces reines-là
Chassent les tristesses,
Les longues tendresses!..
De la rampe, voilà
Les princesses!..

REPRISE EN CHŒUR.

Insouciance,
Indépendance, etc.
(On boit.)

SCÈNE X.

LES MÊMES, LUCIEN.

LUCIEN, entrant par la gauche **.

Il faut que je voie moi-même madame Bertaud, et... (Apercevant Régine.) Régine!..

RÉGINE.

Lucien!..

LUCIEN, à part, avec embarras.

Régine ici!.. (Florine se lève en le voyant.)

TOUTES LES FEMMES, l'entourant.

Lucien... bonjour, mon petit Lucien...

* Bri. Ros. mad. Taup. Clar. Rég. Alex. Flor. Brign.
** Bri. Ros. mad. Taup. Clar. Alex. Rég. Luc. Flor. Brign.

LUCIEN, très-embarrassé.

Mesdemoiselles... (A part.) Ah! mon Dieu!.. que font-ils chez madame Rémond!

CLARA.

Un verre de champagne à Lucien!..

LUCIEN.

Non... non... merci... Mais dites-moi donc ce que vous faites dans cette maison?..

BRIGNOLLE, se levant.

Nous venons de déjeuner.

LUCIEN.

Ici!..

BRIGNOLLE.

Ici... c'est-à-dire là, dans ce cabaret. Cette petite porte était mal fermée, et ce diable d'Alexandre a pris possession de ce jardin.

LUCIEN, à part.

Mon Dieu! si ces dames rentraient... Il faut que j'aille au-devant d'elles, que je tâche de les prévenir...

RÉGINE.

C'est égal, voilà une singulière rencontre!.. depuis trois mois que je ne vous ai vu!.. car il y a trois mois, mon cher!..

LUCIEN, sans savoir ce qu'il dit.

Vous croyez?.. comme le temps passe!..

RÉGINE.

Eh bien! c'est poli ce que vous dites-là!.. que venez-vous faire ici?..

FLORINE.

Est-ce que vous êtes venu nous retrouver?

TOUTES.

Ah! que c'est aimable!..

LUCIEN.

Moi?.. non pas... je me trompais... je vais... chez une parente qui demeure ici près, on m'attend, et je vous demande la permission de me retirer...

RÉGINE.

Restez donc!.. il y a place pour vous dans ma calèche... nous rirons en route.

LUCIEN.

Oh! impossible!..

RÉGINE.

Et vous reverra-t-on avant trois mois, Monsieur?

LUCIEN.

Je vous verrai demain, Régine, car j'ai un service à vous demander.

RÉGINE.

Si je n'étais pas chez moi, vous viendrez le soir dans ma loge... J'ai demain une première...

LUCIEN, à part.

Si Marie me voyait avec elle... partons vite. (Haut.) A demain, donc...

RÉGINE.

A demain, Monsieur!..

LUCIEN.

Mesdemoiselles... (Il s'incline et sort par la droite.)

TOUTES.

Adieu, monsieur Lucien...

CLARA.

Comment!.. il nous quitte!..

RÉGINE, à elle-même *.

Un charmant garçon... (Avec un soupir.) Ah! c'est dommage... (Riant.) Bah! second couplet!...

DEUXIÈME COUPLET.

Même air.

Parfois elles ont un caprice...
Une reine peut, chaque soir,
En avoir!

TOUS.

En avoir!

RÉGINE.

On dit (voyez quelle injustice!)
Qu'elles pleurent parfois huit jours
Leurs amours!

TOUS.

Leurs amours!

RÉGINE.

Mais qu'un amant brise sa chaîne
Et reprenne sa liberté,
Le lendemain, on voit la reine
En faire autant de son côté!
Dign! dign!..
(On choque les verres.)
Insouciance!
Indépendance!
De leurs États, ces reines-là
Chassent les tristesses,
Les longues tendresses!..
De la rampe, voilà
Les princesses!

REPRISE EN CHŒUR.

Insouciance!
Indépendance!
De leurs États, ces reines-là
Chassent les tristesses,
Les longues tendresses!..

* Ros. Clar. mad. Taup. Alex. Rég. Brign. Flor. Bri.

De la rampe, voilà
Les princesses!

(Tous vont sous le bosquet et trinquent bruyamment. Entre par la droite madame Rémond, suivie de Suzanne, qui a Marie à son bras.)

SCÈNE XI.

BRICHARD, ROSETTE, CLARA, MADAME TAUPIN, RÉGINE, sur le devant; ALEXANDRE, BRIGNOLLE, FLORINE, MARIE, SUZANNE, MADAME RÉMOND.

TOUS LES COMÉDIENS, sous le bosquet.

A la santé de Brignolle!.. (A ce bruit, Suzanne, Marie et madame Rémond, qui allaient entrer dans la maison, s'arrêtent.)

SUZANNE.

Que se passe-t-il donc?.. (A part, en voyant les comédiens.) Ciel!.. je suis perdue!..

ALEXANDRE, sortant du bosquet et montrant Suzanne à ses camarades.

Ah!.. mais regardez donc!.. (Tous sortent du bosquet.)

CLARA.

Mais c'est elle!..

RÉGINE, à Suzanne.

Mais oui... c'est toi!..

MARIE, bas à sa sœur.

Ils te tutoient... tu les connais donc?...

SUZANNE, bas.

Moi?.. attends... attends... je vas te les flanquer à la porte!.. (La faisant passer près de madame Rémond.) Rentre avec ta tante... (A madame Rémond.) Emmène-la... emmène-la vite.

MARIE, à part.

Qu'est-ce que tout ça veut dire?.. (Elle entre dans la maison avec madame Rémond. — Suzanne descend en scène. — Brignolle, tout en observant Suzanne avec intérêt, passe à droite avec Florine.)

SCÈNE XII.

ROSETTE, CLARA, MADAME TAUPIN, RÉGINE, ALEXANDRE, SUZANNE, BRIGNOLLE, FLORINE, BRICHARD.

SUZANNE, prenant l'accent marseillais.

Ah çà! Messieurs, Mesdames, pourriez-vous me dire ce que vous faites chez moi?.. Té, au lieu de me répondre, voilà que vous me regardez!..

RÉGINE.

Allons donc!... malgré le bonnet et la robe d'indienne, c'est bien toi, Suzanne!..

TOUS, excepté Brignolle.

Eh! oui, c'est Suzanne!..

SUZANNE.

Suzanne?.. une actrice, pas vrai?.. Ah! bon!.. je vois ce que c'est... encore cette ressemblance!.. Cristi!.. votre Suzanne peut se flatter de me procurer du tintouin!..

TOUS.

Que dit-elle?..

SUZANNE.

On ne me dit que ça à la Halle... « Comme tu ressembles à cette actrice!.. » Et c'est vrai!.. je suis allée la voir à sa comédie... (Riant.) Ah! ah! ah!.. j'ai ri tout de même... et je vous reconnais bien tous, allez... tas de farceurs!.. (A Alexandre.) C'est vous qui faites les amoureux... Vous n'êtes pas assez chaud, mon garçon... (Montrant Régine.) Et cette demoiselle-là... elle fait les bonnes... Vous regardez trop les petits jeunes gens qui sont aux *estalles*, ma chère... (A Florine.) Vous, la brune, vous ne savez pas vos rôles... Je vous ai tous vus la semaine dernière... Eh ben! franchement, là, entre nous, je n'ai pas été contente... Ah! mes pitchouns, faudrait voir à travailler mieux que ça... Moi, dans mon commerce, je vends du beurre frais et je fais bon poids... le théâtre, c'est votre boutique, le public votre pratique... et vous devez lui donner de la marchandise pour son argent.

BRIGNOLLE.

C'est assez bien tapé, ça!.. pas vrai, la mère Taupin?

MADAME TAUPIN, avec humeur.

On ne vous parle pas!..

SUZANNE.

Ah! je vous connais tous!.. (Se tournant vers Brignolle.) N'y a que Monsieur que je ne connais pas... (Lui prenant la main avec cordialité.) mais il me fait l'effet d'un brave homme!.. Qu'est-ce qu'il fait dans votre boutique?..

CLARA.

Il nous met à l'amende.

BRIGNOLLE.

Vous ne vous trompez pas, Madame... nous sommes des comédiens... nous avons fait entre nous une petite partie champêtre... nous avons déjeuné là... et croyant cette maison inhabitée... nous avions pensé... excusez-nous, Madame.

SUZANNE.

Eh! je comprends qu'on rie et qu'on s'amuse un brin!.. je ne vous en veux pas...

BRIGNOLLE.

Allons, mes enfants, nous jouons ce soir, en route! (Il passe à gauche avec Florine.)

RÉGINE, à Brignolle*.

C'est égal!.. c'est une fière ressemblance!

MADAME TAUPIN, de même.

C'est drôle tout de même...

* Bri. Ros. Clar. Flor. Alex. mad. Taup. Rég. Brign. Suz.

BRIGNOLLE.

Nous n'avions pas le sens commun... en route!

ENSEMBLE.

AIR de *Marie* (HÉROLD).

Les mêmes traits! c'était bien elle,
Que nous avions cru voir venir.
Mais l'heure déjà nous appelle...
Il faut partir!

(Tous les comédiens sortent par la petite porte de gauche, poussés par Brignolle, qui sort le dernier.)

SCÈNE XIII.

SUZANNE, puis BRIGNOLLE, ensuite MARIE.

SUZANNE, seul.

Ah! quelle rencontre!.. quelle journée!.. je l'ai échappé belle!.. (Elle va pour rentrer dans la maison.)

BRIGNOLLE, très-ému, reparaissant à la petite porte de gauche*.

Suzanne!

SUZANNE, s'arrêtant et avec l'accent marseillais.

Qu'est-ce encore?.. laissez-moi!

BRIGNOLLE, s'approchant d'elle.

Suzanne! est-ce que tu vas me repousser aussi ?.. est-ce que je ne viens pas de les éloigner, de te sauver?.. car c'est toi, Suzanne... c'est bien toi!.. tout à l'heure, ta main a tremblé dans la mienne... (Lui prenant la main.) Tiens... comme elle tremble encore en ce moment...

SUZANNE, avec sa voix naturelle.

Ah! je suis perdue!

BRIGNOLLE.

Perdue!.. parce que je sais ton secret!.. mais il y a longtemps que je le sais... et, tu vois, je l'ai bien gardé! oui, Marie est ta sœur... pour elle, tu t'es mise au théâtre!.. et pour elle... Suzanne, un secret, c'est dur à porter... quand on est seul... ne suis-je pas ton vieil ami, pourquoi ne veux-tu pas que je sois ton conseil?.. ton soutien?.. Allons... un bon mouvement... ne chasse pas le vieux chien qui veut te défendre, qui veille sur toi... Suzanne, je veux ma part de ton chagrin... (Lui tendant les bras.) et si tu pleures, je veux pleurer avec toi!..

SUZANNE, se jetant dans ses bras.

Ah! mon ami!.. mon ami!

BRIGNOLLE.

Voyons... du calme... ils ne savent rien ..

* Brign. Suz.

SUZANNE.

Mais ils apprendront tout... Moi, qui avais cru pouvoir me cacher toujours!.. (S'essuyant les yeux.) J'étais si heureuse!.. (Marie sort de la maison et, voyant Suzanne avec Brignolle, s'arrête étonnée sur le perron et écoute.) Et si maintenant on disait à Marie : Ta sœur, tu la bénis, n'est-il pas vrai?.. eh bien! ta sœur, c'est la comédienne Suzanne... (Mouvement de Marie.) C'est une femme brillante qui vit dans le luxe et dans le bruit, mais elle se cache pour aller t'embrasser une heure, car si tu connaissais la vérité, tu rougirais d'elle peut-être!.. (Nouveau mouvement de Marie, qui rentre tout doucement dans la maison.)

BRIGNOLLE.

Rougir de toi!.. et pourquoi?.. tu as voulu avoir du talent, des succès... et, maintenant, n'es-tu pas devenue une artiste?.. Ah! je voudrais bien que l'on dît du mal de toi!.. D'ailleurs, si tu tiens à ce qu'elle ne sache pas que tu es au théâtre, eh bien! elle ne le saura pas!

SUZANNE.

Elle ne le saura pas?.. mais... tout à l'heure... on est venu me demander sa main... et... quand on apprendra que je suis comédienne... comment faire?.. que répondre?..

BRIGNOLLE.

Que le diable emporte l'amour!.. quel vilain petit Dieu bête!.. c'est toujours lui qui met le feu aux poudres!.. Comment la petite Marie aurait un sentiment... n'y a plus d'enfants, ma parole d'honneur! (Tirant sa montre.) Dis donc, Suzanne, tu joues en second, ma biche.

SUZANNE.

Oui... oui... j'oublie tout... (Elle se retourne et se trouve en face de Marie, qui vient de resortir de la maison, un bouquet à la main*.) Ah! c'est toi, Marie...

MARIE.

Oui.

SUZANNE, avec inquiétude.

Tu es là... depuis longtemps?

MARIE, un peu embarrassée.

Moi! pas du tout... je venais te donner ce bouquet... (Suzanne prend le bouquet.) J'y ai mis des marguerites... tu leur demanderas demain si je t'aime!.. tu verras comme elles te diront de bonnes choses... (Montrant Brignolle.) Tu connais ce Monsieur-là?

SUZANNE.

Oui... un ami... un...

BRIGNOLLE, l'interrompant.

Un notaire, Mademoiselle. (A part.) J'en ai joué des notaires. J'ai même joué le bailli dans *la Pie voleuse*.

* Brign. Suz. Mar.

MARIE.

Comme c'est triste de se séparer... (Avec un soupir.) Allons, encore une bonne journée de finie... comme ça passe vite les jours où l'on est heureux! (A ce moment, on voit passer au fond, derrière la haie, les comédiens bras dessus, bras dessous, des fleurs à la main; les chapeaux au bout des cannes et des ombrelles. La mère Taupin tient une grande branche de cerisier chargée de fruits. Ils traversent de gauche à droite... Brignolle et Suzanne se retirent vivement à gauche et se trouvent masqués par le bosquet.)

CHŒUR des comédiens.

Insouciance!
Indépendance!
De leurs États, ces reines-là
Chassent les tristesses,
Les longues tendresses!..
De la rampe, voilà
Les princesses!

(Suzanne écoute avec émotion; elle s'appuie sur le bras de Brignolle. Les comédiens disparaissent. La musique continue.)

BRIGNOLLE, à part.

Ces animaux-là!.. faut toujours qu'ils chantent!.. j'ai une envie de les mettre à l'amende!..

MARIE, à part.

Actrice!.. elle!..

SUZANNE, se rapprochant de Marie.

A dimanche, mon enfant!

MARIE l'embrassant.

Adieu, Marguerite... aie bien soin de mettre ton bouquet dans l'eau pour qu'il vive jusqu'à dimanche!

SUZANNE.

Chère Marie!

BRIGNOLLE, qui a consulté sa montre, bas à Suzanne.

Le chemin de fer!.. nous n'avons plus que trois minutes.

SUZANNE, embrassant encore Marie.

Adieu! adieu! (Elle se dirige avec Brignolle vers la droite, et, sur le point de sortir, envoie un dernier baiser à Marie, qui la regarde avec amour — L'orchestre reprend le refrain de la ronde. — Le rideau baisse.)

ACTE DEUXIÈME.

La loge de Suzanne, très-coquettement meublée. Porte au fond; porte à gauche et porte à droite au deuxième plan; causeuse adossée au mur de gauche. Du même côté, près de la causeuse, une toilette garnie de tous les accessoires nécessaires à une actrice. A droite, une psyché entourée d'un paravent; un fauteuil devant la toilette; un autre fauteuil à droite; deux autres au fond. A gauche, au-dessus de la causeuse, une glace, avec deux lampes allumées; deux bougies sur la toilette; portraits d'artistes en costumes. Auprès de la porte de gauche, un petit porte-manteau; petite table adosssée au mur de droite. Sur cette table, une lampe allumée; étagères.

SCÈNE PREMIÈRE.

MADAME ROSE, puis CORASMIN. Au lever du rideau le théâtre est vide.

UNE VOIX, en dehors.

Messieurs, Mesdames, le troisième coup est sonné. (Une clef tourne dans la serrure de la porte du fond. Entre madame Rose tenant un élégant chapeau Louis XIII.)

MADAME ROSE.

Mam'zelle Suzanne, voilà votre chapeau arrangé... Tiens, elle n'est plus dans sa loge... (Elle accroche le chapeau au porte-manteau et vient s'asseoir devant la toilette. Corasmin entre par le fond avec une perruque sur le poing; il s'avance vers madame Rose sur la pointe du pied, et l'embrasse sur le cou. Madame Rose pousse un léger cri et lui donne un soufflet.)

CORASMIN *.

C'est moi, Aglaé, ce n'est que moi.

MADAME ROSE, se levant.

Monsieur Corasmin!... Ah! si j'avais su...

CORASMIN, lui prenant la taille.

C'est le baiser d'un fiancé, Aglaé... caresse naïve... wagon spécial du bon motif... train direct pour la municipalité!...

MADAME ROSE.

Plus bas donc, petit bavard... si l'on vous entendait!... (A part.) A-t-il de l'esprit pour un coiffeur.

CORASMIN, à part.

Quelle pudeur pour une habilleuse! (Haut.) Je viens de coiffer, de tirebouchonner ces dames, et j'ai eu un mal!.. Quand donc les auteurs renonceront-ils à faire des pièces Louis XIII... Celle de ce soir, par exemple... *les Soubrettes fantaisistes*... En voilà un titre!.. et le directeur croit faire de l'argent avec ça... (Haussant les épaules.) Crétin, va!... Parlez-moi de l'école réaliste... Moi, si je faisais des pièces, je les ferais comme M. Alexandre Dumas fils, tant qu'à en faire... voilà un jeune homme qui va

* Mad. Ros. Coras.

bien !.. je m'y intéresse énormément... Mais les autres!.. quelle misère !..

MADAME ROSE.

Ils font des pièces Louis XIII...

CORASMIN.

Et c'est assommant pour les coiffeurs !...

MADAME ROSE, mystérieusement.

Encore un peu de patience, Corasmin... sachons nous taire...

CORASMIN, de même.

Sans murmurer... et quand nous aurons fait notre petite pelotte...

MADAME ROSE.

Nous nous marierons et nous irons vivre en province.

CORASMIN.

Il est un endroit chéri du soleil, madame Rose, et que l'on appelle Jurançon...

MADAME ROSE.

J'en ai ouï parler, Corasmin.

CORASMIN.

Air pur des montagnes !.. Pas d'hiver... bon pays... joli vin!.. C'est là que nous attend la vie contemplative !

MADAME ROSE.

Une petite maison blanche...

CORASMIN.

Avec des volets verts...

MADAME ROSE.

Des lapins...

CORASMIN.

Des canards... des navets...

TOUS DEUX, soupirant.

Ah!...

CORASMIN.

Et nous ne verrons plus ces arbres de toile peinte, et cette société de carton.

MADAME ROSE.

Ah!.. quel monde superficiel, Corasmin!..

CORASMIN.

Et quel métier que le nôtre!.. quelle profession que la mienne!... moi qui ai eu de l'éducation... obligé de démêler un monde... si mêlé !..

PLUSIEURS VOIX DE FEMMES, en dehors.

Corasmin! Corasmin!

CORASMIN, très-tranquille et passant à gauche*.

Tenez, les entendez-vous?.. Allez, mes petites biches, allez votre train !..

LES VOIX.

Coiffeur! coiffeur! Madame Rose! madame Rose!

* Coras. mad. Ros.

SCÈNE II.

LES MÊMES, CLARA, ROSETTE, FLORINE, puis ALEXANDRE, puis RÉGINE. Elles sont vêtues d'élégants costumes de paysannes Louis XIII et entrent par le fond.

TOUTES, en entrant *.

Ah ! c'est abominable !..

CLARA, à Corasmin.

Mais regardez-donc... ma coiffure est horriblement faite !

ROSETTE, de même.

Et ces cheveux qui me tombent sur les yeux !..

FLORINE, à madame Rose.

Et ma jupe qui ne tient pas !..

ROSETTE.

Oh ! nous étions bien sûres de vous trouver dans la loge de Suzanne !

CLARA.

On ne s'occupe que d'elle dans ce théâtre !

CORASMIN.

Mesdemoiselles, je vous déclare que vous êtes parfaitement coiffées.

ALEXANDRE, entrant par le fond, en costume de ville, avec des papillottes dans les cheveux **.

Corasmin... est-ce que tu es sourd ?... je ne peux pourtant pas entrer en scène comme ça... Je suis de la petite pièce...

CORASMIN, ne sachant où donner de la tête.

Ah ! monsieur Alexandre... je vous oubliais... Voilà, monsieur Alexandre, voilà... (Il sort avec Alexandre par le fond.)

ROSETTE, à madame Rose ***.

Je vous dis que nos jupes sont trop longues.

MADAME ROSE.

Mademoiselle, elles sont comme on les a commandées.

CLARA.

C'est bien la peine de venir s'habiller une heure à l'avance ! (Madame Rose sort par la droite.)

RÉGINE, entrant par le fond, costume très-coquet, elle mange des bonbons dans un sac qu'elle tient à la main ****.

Ce théâtre est une baraque !...

LES FEMMES.

Oh ! oui !.. (Florine passe près de Régine.)

RÉGINE.

Qui veut des bonbons de chez Boissier ?

TOUTES *****.

Moi ! moi ! (Elles mangent des bonbons.)

* Clar. Coras. Roset. Flor. mad. Ros.
** Clar. Cor. Alex. Roset. mad. Ros. Flor.
*** Clar. Roset. mad. Ros. Flor.
**** Clar. Rég. Roset. Flor.
***** Clar. Flor. Rég. Roset.

FLORINE.

Oh! a-t-elle un joli costume, cette Régine!

RÉGINE, mangeant des bonbons.

Oui, ma chère... de la véritable guipure!.. et tout ça pour jouer un bout de rôle... Est-ce que vous croyez que la pièce marchera?

ROSETTE.

Oh! pour ça, non, l'auteur est trop gentil avec tout le monde pour que sa pièce soit bonne.

RÉGINE.

C'est vrai, quand ils comptent sur un succès, ils sont très-insolents, les auteurs.

CLARA.

Ah! quelle clique que tous ces vaudevillistes!

RÉGINE.

Quelle différence avec les agents de change!

FLORINE.

Suzanne est capable de faire réussir la pièce de ce soir.

RÉGINE.

Moi, j'ai une figuration; mais je ne me fais plus de chagrin pour le théâtre!

ROSETTE.

Tu es si heureuse! (Régine lui donne son sac de bonbons, qu'elle met sur le fauteuil de droite.)

RÉGINE.

Ne sommes-nous pas toutes heureuses, et... pour nous la vie est si bruyante et si courte!... moi, je ne sais comment cela se fait... mais la journée passe d'un vite!... d'un vite!

AIR de la *Tarentelle de Gastibelza.*

A midi,
J'entends Fanny;
Et je la sonne...
Elle entre, et j'ordonne
Que mon thé
Soit apprêté,
Et dans mon lit me soit apporté.
Déjeunant,
En paressant,
Je lis gaîment
Lettres amoureuses,
Les chroniques scandaleuses,
Les propos
Fraîchement éclos.
Le temps fuit;
De mon lit
Je me lève;
Et j'achève,
En riant, de m'habiller,

Non sans babiller;
D'essayer
De madame Hode,
La dernière mode,
Les chapeaux
Les plus nouveaux,
Les bonnets,
Coquets!..
Quel beau temps!
C'est le printemps!
Attelez vite,
Et partons de suite!..
Directeurs,
Auteurs,
Acteurs,
Allez, ma foi,
Répéter sans moi!..
Sans retard,
Mon cocher part...
Je me promène
En américaine;
Mon cheval
Est sans égal...
J'ai fait chercher
A Londre, un cocher...
John! au trot!
Puis au grand galop!
On m'admire!
Alors, j'entends dire :
« La voilà.
« Ah! regardez-la! »
Bref! c'est à qui me lorgnera!
Ducs, marquis,
Barons et dandys
Près de moi volent,
Caracolent,
Se pressant,
Courant,
Galopant,
Culbutant
Le passant
Tremblant!..
Du dîné,
L'heure a sonné :
Servez bien vite
Bordeaux, —
— Laffitte,
Perdreaux,
Gâteaux,
Fruits
Choisis!
Chez moi, surtout,

Éclairez partout!..
Quel plaisir!
On vient m'offrir
Une avant-scène!..
Et, chaque semaine,
De chaque jour,
A son tour,
Voilà, pour moi,
Le joyeux emploi!
Voilà, voilà
Ma journée
Gaîment terminée
C'est là, c'est là
Le seul moyen
De vivre bien!
Destin
Divin!
Je m'endors joyeuse
Et rieuse...
Quand le jour luit,
Ainsi qu'une belle de nuit!

TOUTES.

Oui, voilà le seul moyen
De vivre bien,
Joyeuse
Et rieuse!
Profitons du temps qui fuit,
Chantons, fêtons le jour et la nuit!

MADAME TAUPIN, en dehors.

Ma nièce!.. ma nièce!..

RÉGINE, d'un ton dolent.

Tiens!.. c'est ma tante...

SCÈNE III.

LES MÊMES, MADAME TAUPIN.

MADAME TAUPIN, entrant par le fond.)

Régine... et ce bracelet que tu oubliais...

RÉGINE, prenant le bracelet.

Merci. (Elle le met à son bras.) Dis donc, ma tante, Brignolle m'a dit que j'avais trop de diamants pour un rôle de soubrette.

MADAME TAUPIN.

De quoi se mêle-t-il, M Brignolle?.. Il vaut mieux faire envie que pitié... Règle générale, ma nièce... on n'a jamais trop de diamants!... Tiens, mademoiselle Suzanne n'est pas encore arrivée!

RÉGINE.

Si fait... elle est même habillée... elle cause avec le directeur.

* Clar. Flor. mad. Taup. Rég. Ros.

MADAME TAUPIN.

Elle intrigue... Du reste, elle peut être en retard... M. Brignolle ne lui dira rien, à elle... (Régine s'assied sur le fauteuil de droite, entre Florine et Rosette et toutes trois mangent des bonbons. Brignolle paraît au fond et écoute.)

ROSETTE *.

C'est sa protégée !.. à ce vieux bougon-là.

CLARA.

Dame ! elle a du succès...

FLORINE.

Elle fait recette !..

MADAME TAUPIN.

Cette malice !... elle fait recette, parce qu'elle a des beaux rôles, mais qu'on lui donne six lignes comme à ma nièce, ou bien des lettres à porter, et on verra si elle fait encore recette.

RÉGINE.

C'est vrai.

MADAME TAUPIN.

Au surplus, je crois qu'elle aura peu d'agrément ce soir... je vous conseille d'être là à son grand couplet, je ne vous dis que ça...

BRIGNOLLE, s'avançant.

Comment, vous ne dites que ça, mais c'est trop... (Rosette remonte et passe à gauche.

SCÈNE IV.

LES MÊMES, BRIGNOLLE.

MADAME TAUPIN **.

Il est toujours à écouter.

BRIGNOLLE, à madame Taupin.

Expliquez-vous donc !.. je suis sûr que vous tramez quelque chose contre Suzanne !

MADAME TAUPIN.

Je n'ai rien à expliquer.

BRIGNOLLE.

Tenez, Madame Taupin, je finirai par vous faire consigner... D'abord, que venez-vous faire au théâtre ?... Vous êtes là, dans tous les coins, vous gênez le service.

MADAME TAUPIN.

Je viens veiller sur ma nièce, Monsieur !

BRIGNOLLE.

Trop tard !

MADAME TAUPIN.

Comment trop tard ? sept heures et demie.

BRIGNOLLE.

Votre nièce est... majeure...

* Clar. mad. Taup. Flor. Rég. Ros.
** Ros. Clar. mad. Taup. Bri. Rég. Flor

MADAME TAUPIN, *furieuse.*

Ah! c'est une indignité!...

RÉGINE, *se levant.*

Ma tante, calmez-vous... c'est pour rire.

MADAME TAUPIN.

Je vais me plaindre au directeur.

BRIGNOLLE.

Il est dans son cabinet... Il cause avec Suzanne; mais il la renverra pour madame Taupin.

MADAME TAUPIN.

Vous n'êtes qu'un insolent!

BRIGNOLLE, *riant.*

Oui.

MADAME TAUPIN.

Qu'un être mal élevé; qu'un homme du commun.

BRIGNOLLE, *riant.*

Oui.

MADAME TAUPIN, *au paroxysme de la fureur.*

Vous n'êtes... tenez... vous n'êtes qu'un vieux cabotin. (*Elle passe à droite.*)

BRIGNOLLE *.

Hein?.. un vieux cabotin?... (*Clara, Rosette et Florine cherchent à le calmer.*) Ah! je suis un vieux cabotin? (*Avec fureur.*) Veuve Taupin, je vous... (*On entend le son de la cloche, en dehors, il continue de sa voix ordinaire.*) En scène, Mesdames, on lève le rideau.

MADAME TAUPIN.

Oh! mes nerfs, mes nerfs!...

ENSEMBLE.

AIR de J. NARGEOT (*la Bourse au village.*)

C'est une infamie! une horreur!
De cet insolent régisseur,
Je cours me } plaindre au directeur...
Courez vous }
C'est une horreur! (*bis.*)

(*Sortie générale et animée de tout le monde par le fond. Brignolle reste seul.*)

SCÈNE V.

BRIGNOLLE, puis MADAME ROSE, puis SUZANNE.

BRIGNOLLE.

Vieux cabotin!... vieille sybille!.. (*Madame Rose entre par la droite, apportant un manteau Louis XIII, qu'elle va mettre sur la causeuse***) Eh bien! madame Rose, qu'est-ce que vous faites-là?.. vous n'êtes jamais à votre affaire!

* Clar. Brign. Ros. Flor. Rég. mad. Taup.
** Mad. Ros. Brign.

MADAME ROSE.

Mon Dieu! j'y vais*.. (Elle va pour sortir. Suzanne entre vivement par le fond en costume de page Louis XIII.)

SUZANNE*.

La petite pièce est commencée?

MADAME ROSE.

Oui, Mademoiselle, elle commence à l'instant. (Elle sort par le fond.)

SCÈNE VI.

SUZANNE, BRIGNOLLE.

BRIGNOLLE.

Bonsoir, Suzanne.

SUZANNE.

Combien dure le lever du rideau?

BRIGNOLLE.

Une demi-heure... Ah! j'oubliais de te dire... on a coupé les deux repliques du chevalier.

SUZANNE.

Encore des coupures, des changements le jour de la première représentation!..

BRIGNOLLE.

Tu sais bien que c'est toujours comme ça. (Se rapprochant de Suzanne qui est près de sa toilette.) Eh bien! comment cela va-t-il... depuis hier... là-bas... du côté de Saint-Germain? as-tu du nouveau à m'apprendre?

SUZANNE.

Oui.

BRIGNOLLE.

As-tu vu le père du jeune homme?

SUZANNE.

Non... je me suis présentée chez lui ce matin... puis à deux heures... il était absent... je lui ai écrit tout à l'heure... une longue lettre... dans laquelle je lui dis tout!

BRIGNOLLE.

Tu as bien fait.

SUZANNE, lui donnant la lettre.

Tiens! la voici!.. fais-la porter par un garçon de théâtre.

BRIGNOLLE.

A l'instant! (Lisant la suscription.) M. Princarret, rue de l'Échiquier, n° 10. — Mais c'est mon propriétaire!..

SUZANNE.

Ah! bah!..

BRIGNOLLE, mettant la lettre dans sa poche.

Je la remettrai moi-même, ce soir, en rentrant.

* Mad. Ros. Suz. Brign.

SUZANNE.

Bien.

BRIGNOLLE.

Mais quel est donc le nouveau dont tu me parlais?..

SUZANNE.

J'ai vu mon homme d'affaires... j'ai enfin trouvé un acquéreur pour ma maison de Ville-d'Avray... (Avec joie.) Ah! tu ne sais pas... j'ai vendu mes diamants!..

BRIGNOLLE, étonné.

Comment! et ton théâtre?

SUZANNE.

Le théâtre!... voici mon engagement!.. (Lui montrant un papier.) Tiens, Brignolle... (Elle le déchire.)

BRIGNOLLE.

Plaît-il?

SUZANNE.

Dans huit jours, mon ami, je ne serai plus ici.

BRIGNOLLE, avec émotion.

Comment, tu ne seras plus ici?

SUZANNE.

J'ai rompu, je reprends ma liberté. Je pourrai donc respirer... (Silence.) Tu ne me réponds pas?... (Le regardant.) Tu pleures?..

BRIGNOLLE.

Bédame!.. je ne te verrai plus...

SUZANNE.

Mon ami!

BRIGNOLLE, esayant de rire.

Ah! ça me fait quelque chose!

AIR de *Téniers.*

Pardonne-moi, je suis un égoïste!
Tout à l'heure, c'est malgré moi,
Que ton bonheur m'a rendu triste...
Je n' croyais pas me séparer de toi!
A rester seul, ton bonheur me condamne...
Jusqu'à la fin sur toi j' voulais veiller!
Et si l'un d' nous devait partir... Suzanne!
C'était au vieux à partir le premier (*bis*).

SUZANNE, lui serrant la main.

Allons, mon vieux camarade... veux-tu bien rire?

BRIGNOLLE.

Je ne peux pas... Que c'est donc bête à mon âge... de pleurnicher comme ça... Si madame Taupin me voyait!.. comme elle serait contente!..

SCÈNE VII.

LES MÊMES, LUCIEN.

LUCIEN, paraissant au fond*.

Mademoiselle Suzanne, peut-on vous serrer la main?

* Suz. Luc. Brign.

SUZANNE.

Lucien!.. Entrez donc!

LUCIEN, entrant.

Monsieur Brignolle, je vous salue.

BRIGNOLLE, saluant.

Monsieur... (A part.) Ah!.. et moi qui oublie de corriger mon affiche!... (En s'en allant.) Dieu! que c'est bête de pleurnicher comme ça!.. (Il sort par le fond.)

SCÈNE VIII.

SUZANNE, LUCIEN, puis MADAME ROSE.

SUZANNE.

Par quel miracle?.. Savez-vous qu'il y a des siècles qu'on ne vous a vu.

LUCIEN.

Et l'on ne me verra plus, Suzanne.

SUZANNE.

Pourquoi?

LUCIEN, gravement.

« Vous êtes prié d'assister à la bénédiction nuptiale qui leur sera donnée dans l'église de... »

SUZANNE, riant.

Bah!.. et vous venez annoncer cela à Régine?

LUCIEN.

Oui... je l'ai aperçue au foyer... de loin... mais elle était entourée.

SUZANNE.

Vous l'avez trouvée bien triste?

LUCIEN.

Je l'ai trouvée... engraissée.

SUZANNE, riant.

Comment! vous vous mariez, vous?

LUCIEN.

Oh! riez, plaisantez... comme mes amis tout à l'heure aux Provençaux... car j'ai donné mon dernier dîner de garçon... le dernier, Suzanne!.. Se sont-ils grisés, les malheureux!.. et ils me faisaient de la morale .. en me versant du champagne que j'avais la lâcheté de boire!.. Ne riez pas, je n'en boirai plus!

SUZANNE.

Et vous aimez votre fiancée? (Elle s'assied devant sa toilette.)

LUCIEN.

Ah! si vous saviez, j'en suis fou... un ange!

SUZANNE, riant.

Oh! oh! (Elle arrange sa figure devant la glace de sa toilette.)

LUCIEN, passant de l'autre côté de la toilette*.

Il n'y a pas de oh! oh!... Tenez, je veux que vous la voyiez...

* Luc. Suz.

quand elle sera ma femme, je la conduirai au théâtre dans une loge d'avant-scène... vous verrez comme elle est jolie!... et bonne!...

SUZANNE.

Et où avez-vous découvert cette perle, mon cher ami?...

LUCIEN.

Oh! c'est tout un roman...

SUZANNE.

Et Régine?

LUCIEN, s'asseyant sur la causeuse.

Régine? c'est une charmante fille! Elle me disait toujours que j'étais son premier amour.

SUZANNE, riant.

Oui, son premier... au-dessus de l'entresol.

LUCIEN.

Ah! c'est méchant!

SUZANNE.

Oh!.. entre camarades!.. et puis le mot n'est pas de moi.

LUCIEN.

J'avais rompu très-brutalement avec elle... ce qui est absurde... je vais réparer mes torts.

SUZANNE.

Par quel moyen?

LUCIEN.

Oh! un moyen très-simple, allez!.. Ces moyens-là sont montés sur argent et coûtent quatre mille francs chez Halphen ou chez Jannisset. C'est une explication que les femmes comprennent toujours... avec la facture acquittée!..

SUZANNE, se levant.

Et c'est sérieux?... la demande est faite?.. on instruit l'affaire?...

LUCIEN, se levant.

Mon Dieu!... oui! Adieu donc, passion d'un jour... éternellement la même pour tous... qui commence au Café anglais et finit par quelques diamants!.. amours légères au demeurant, qui vous laissent votre cœur et votre nom... car, depuis cinq ans, pour toutes les Régines, je suis M. Lucien X... M. Lucien trois étoiles... En vérité, je ne garde aucun souvenir de ces histoires-là, Suzanne, et je ne pourrai rien me raconter dans ma vieillesse. C'est toujours la même femme! et toujours le même souper... avec du champagne et un perdreau froid... Oh! il y a dans les restaurants de Paris un perdreau que j'ai mangé au moins deux cents fois... toujours le même... je le reconnaissais! sur un plat d'argent, les deux pattes en l'air... Il avait fini par me faire peur.

SUZANNE, riant.

Comme le spectre de Banco!

LUCIEN.

Dites donc, Suzanne, si je vous ennuie, mettez-moi vite à la porte. (Il fait un mouvement pour sortir.)

SUZANNE.

Mais non... D'ailleurs je suis femme et j'adore les confidences.

LUCIEN.

Et je suis venu vous dire tout cela, Suzanne, parce que je vous aime bien... vrai... une bonne amitié!... Je n'aurai plus le plaisir de vous voir... de causer quelques instants avec vous... mais ce soir, j'ai voulu être à votre première et vous offrir mon dernier bouquet... l'accepterez-vous?

SUZANNE.

De grand cœur!.. Adieu, cher ami, je suis enchantée de ce que vous m'apprenez... Soyez heureux...

LUCIEN.

Oh! mon cœur est bien pris... Je l'aime tant, ma petite Marie!...

SUZANNE.

Hein?...

LUCIEN.

Qu'avez-vous donc?

SUZANNE.

Moi? rien... ah ! elle s'appelle Marie?.. je trouve que c'est un joli nom... voilà tout... Adieu ! (Ici entre madame Rose, par le fond ; elle tient une énorme couronne.)

LUCIEN *.

Madame Rose, savez-vous si mademoiselle Régine est seule?

MADAME ROSE.

Non, Monsieur... elle cause au foyer avec un petit auteur.

LUCIEN, riant.

Ah!.. le malheureux!.. il le mangera!..

SUZANNE.

Quoi donc?

LUCIEN, riant toujours.

Mon perdreau!.. Adieu Suzanne!.. Ah! ah!.. (Il sort gaiement par le fond.)

SCÈNE IX.

MADAME ROSE, SUZANNE, puis PRINCARRET.

MADAME ROSE.

Vous n'avez plus besoin de moi, mademoiselle Suzanne?

SUZANNE.

Non, merci. (Regardant la couronne.) Ah! mon Dieu ! qu'est-ce que c'est que ça?

* Mad. Ros. Luc. Suz.

MADAME ROSE.

C'est une couronne que je porte à l'ouvreuse des avant-scènes, pour jeter à mademoiselle Régine.

SUZANNE.

Et qui lui fait cette fine galanterie?

MADAME ROSE.

Madame Taupin, sa tante... comme à toutes les premières représentations.

SUZANNE.

Ah! oui... et demain elle mettra ce trophée sous cloche avec cette inscription : A Régine, les abonnés reconnaissants!

PRINCARRET, en dehors.

Mademoiselle Suzanne, s'il vous plaît?

SUZANNE.

Un importun... je n'y suis pas.

PRINCARRET, paraissant à la porte du fond*.

Mademoiselle Suzanne?..

MADAME ROSE, lui barrant le passage.

Monsieur, Mademoiselle va entrer en scène et...

PRINCARRET.

Je n'ai qu'un mot à lui dire. — Princarret et compagnie de Bordeaux.

SUZANNE, à part, avec effroi.

M. Princarret!.. (Elle se cache derrière le paravent.)

PRINCARRET, entrant malgré madame Rose.

C'est très-important... et mon âge est un passe-port suffisant.

MADAME ROSE.

Au fait... (Elle sort par le fond.)

SUZANNE, derrière le paravent**.

Pardon, Monsieur... mais j'achève de me costumer... et je ne puis...

PRINCARRET.

Ne vous dérangez pas, Mademoiselle... nous pouvons causer à travers ce paravent.

SUZANNE.

De quoi s'agit-il, Monsieur?..

PRINCARRET.

Permettez-moi de m'asseoir... (Il s'assied.) Mademoiselle, vous êtes propriétaire d'une maison sise à Ville-d'Avray...

SUZANNE, à part.

C'est pour cette maison...

PRINCARRET.

Pardonnez-moi de vous relancer jusque dans votre théâtre... mais je repars demain... Mademoiselle, vous voulez soixante mille francs de votre maison, m'a dit M. Dupuy, votre no-

* Princ. mad. Ros. Suz.
** Princ. Suz.

taire... je viens vous en offrir quarante-cinq mille francs... ça vous va-t-il?.. je suis sûr que ça vous ira ; je ne me trompe jamais!..

SUZANNE.

Eh bien! soit, Monsieur... voyez M. Dupuy, mon notaire... faites préparer l'acte de vente... et, demain matin, j'irai le signer.

PRINCARRET, à part.

Elle accepte!.. j'auaais été jusqu'à cinquante mille... quels gens de désordre que ces comédiens!.. (Haut, en se levant.) Alors, chose conclue?..

SUZANNE.

Oui, Monsieur.

PRINCARRET.

C'est parfait!.. vous jouez ce soir une pièce nouvelle... je vous laisse... (A part.) Tiens!.. j'ai fait une bonne affaire... je vais m'offrir un fauteuil d'orchestre!.. (Bruit de cloche au dehors.) Qu'est-ce que c'est que ça?

UNE VOIX, en dehors.

On va commencer! (Corasmin entre par le fond, une perruque à la main.)

SCÈNE X.

CORASMIN, PRINCARRET, SUZANNE.

CORASMIN.

Monsieur Brichard... v'là votre perruque... (Il pose la perruque sur la tête de Princarret qui fait un bond.)

PRINCARRET, passant à gauche.

Qu'est-ce que c'est?..

CORASMIN, le regardant bêtement*.

Tiens!.. ça n'est pas Brichard, oh!

PRINCARRET, furieux.

Mais Monsieur, vous auriez dû le voir... que ça n'était pas Brichard. (Corasmin sort par le fond, après l'entrée d'Alexandre.)

SCÈNE XI.

PRINCARRET, ALEXANDRE, SUZANNE.

ALEXANDRE, entrant par le fond, en costume Louis XIII..

Suzanne... où êtes-vous?

SUZANNE, derrière le paravent.

Ici, mon ami.

ALEXANDRE, s'approchant.

Dites donc... on a coupé mes deux répliques... vous enchaînerez.

* Princ. Coras. Suz.

SUZANNE.

Bien !

ALEXANDRE, à Princarret.

Tu vas bien, toi ?

PRINCARRET.

Il me tutoie !... Dites-donc, Monsieur !..

SUZANNE.

Ah ! mon Dieu !

ALEXANDRE.

Ah ! Excusez, Monsieur, je me trompais...

PRINCARRET.

A la bonne heure !

ALEXANDRE.

Je vous prenais pour Colbrun !... (Il sort vivement par le fond.)

PRINCARRET *.

Hein ?.. Mais je suis dans la cour des Miracles ici !... J'aime mieux m'en aller... Adieu, Mademoiselle... (A part.) Colbrun !... oh ! quel drôle de monde !.. (Il sort par le fond.)

SCÈNE XII.

SUZANNE, puis UN EMPLOYÉ DU TÉLÉGRAPHE ÉLECTRIQUE. Musique à l'orchestre.

SUZANNE, seule, sortant de derrière le paravent.

M. Princarret ici... dans cette loge !.. (Allant à sa toilette et se regardant dans la glace.) Allons, bon !.. ce rouge ne tient pas... (Elle met rapidement du rouge.) Voyons cette coupure... je me la rappellerai...

UNE VOIX, dans la coulisse.

On joue l'ouverture !

SUZANNE.

L'ouverture !.. Ai-je bien tout ce qu'il me faut ?.. oui, oui... d'ailleurs, je ne suis que de la troisième scène. (La porte du fond s'ouvre, un homme parait, il tient une lettre à la main. C'est un employé du télégraphe électrique.)

L'EMPLOYÉ **.

Mademoiselle Suzanne ?

SUZANNE.

C'est moi.

L'EMPLOYÉ.

Je viens de chez vous, Mademoiselle... votre femme de chambre m'a dit que vous étiez au théâtre...

SUZANNE.

Que voulez-vous, Monsieur ?

L'EMPLOYÉ.

C'est une dépêche télégraphique que le bureau vient de recevoir pour vous.

* Princ. Suz.

** Suz. l'empl.

SUZANNE.

Une dépêche ?

L'EMPLOYÉ.

De Saint-Germain.

SUZANNE.

De Saint-Germain ?... Donnez, donnez !... (L'employé salue et sort par le fond. Elle décachette la dépêche. Soudain son regard devient fixe. Elle pousse un cri.) Ah ! non !.. non !.. j'ai mal lu !.. (Relisant d'une voix saccadée.) « Marie a quitté la maison depuis ce matin. . elle a disparu... » (S'interrompant.) Elle a disparu !... (Achevant de lire.) « Je suis folle !.. viens !.. viens vite... car je ne sais que faire sans toi... » (Elle fait quelques pas en scène en chancelant.) Oh ! je veux partir, partir à l'instant, je saurai bien la trouver, moi. (Elle court vers la porte du fond, l'ouvre pour sortir.)

UNE VOIX, en dehors.

Le rideau est levé !

SUZANNE, atterrée.

Ah !... Ah ! mon Dieu !.. mon Dieu ! mon Dieu !..

SCÈNE XIII.

SUZANNE, BRIGNOLLE, puis RÉGINE.

BRIGNOLLE, entrant par le fond; un manuscrit sort de la poche de son habit.

Suzanne, ça va être à toi... Qu'as-tu donc ?.. (Suzanne lui donne la lettre d'un geste fébrile. Brignolle la lit rapidement.) Ah ! ma pauvre enfant !... (Ils restent l'un devant l'autre sans pouvoir parler.)

SUZANNE, vivement.

Viens ! viens !.. le chemin de fer... nous y serons bientôt... viens... partons... (Elle cherche à l'entraîner.)

BRIGNOLLE.

Y penses-tu ?.. mais le rideau est levé !

SUZANNE.

Le rideau... mais comment veux-tu que je joue... quand j'ai la mort dans l'âme !..

BRIGNOLLE.

Mais le public !... le public !... D'ailleurs, que veux-tu qu'il soit arrivé à Marie !.. Tu la retrouveras !

SUZANNE.

Oui, oui, nous la retrouverons, n'est-ce pas ?... nous la retrouverons !..

BRIGNOLLE.

Certainement !.. mais, pour le quart d'heure, il faut songer à ton rôle !...

SUZANNE.

Tu as raison... il le faut !...

BRIGNOLLE.

Allons, viens en scène... viens !...

SUZANNE, le suivant machinalement.

Oui, je te suis... Je vais... Ma pauvre sœur!.. (S'arrêtant.) Brignolle, j'ai la tête perdue... je ne pourrai pas jouer... je ne sais plus un mot de mon rôle!..

BRIGNOLLE.

Voyons, ma fille, remets-toi un peu, calme-toi, j'ai là le manuscrit... Répète-moi ta première scène, ça te mettra en train. (Il tire le manuscrit de sa poche.)

SUZANNE, hésitant.

Ma première scène ?..

BRIGNOLLE.

Oui, tu sais... tu joues le petit page...

SUZANNE, troublée.

Oui... le... le petit page...

BRIGNOLLE.

Tu es à table... tu soupes avec Mariette...

SUZANNE.

Oui... oui... (Changeant de ton.) Mais où peut-elle être allée ?...

BRIGNOLLE.

Chez une amie... Voyons, commence! (Soufflant.) « Ah! soubrette mignonne, grâce à ce petit vin-là... » Allons, un air gaillard!..

SUZANNE.

Oui... attends... Chez une amie? tu crois? (Elle essuie une larme.) « Ah! soubrette mignonne, grâce à ce petit vin-là, je trouve vos yeux plus noirs et plus brillants... J'ai laissé ma tristesse au fond de mon verre! je suis gai, je ris, je chante, je... » (Sanglotant.) Mais je ne pourrai jamais!.. je ne pourrai jamais!..

BRIGNOLLE.

Si, si, courage, Suzanne, courage!

SUZANNE, désespérée.

Non... c'est impossible!..

BRIGNOLLE.

Tiens!.. je vais aller à Saint-Germain!..

SUZANNE, lui sautant au cou.

Toi!.. (Elle l'embrasse.)

BRIGNOLLE.

Oui... dis ton couplet... ton couplet... et, si je suis content... je vais à Saint-Germain!..

SUZANNE.

Mon couplet?.. attends... j'y suis!.. (Elle fait un effort sur elle-même et chante.)

Air nouveau de J. NARGEOT.

Versez encor (*bis.*)
Ce flot d'or,
Qui pétille
Et qui brille!
Versez encor (*bis.*)

Ce flot d'or!
Qu'il pétille encor!
Dans mon verre, c'est la jeunesse,
Et les plaisirs et les chansons!..
Dans mon cœur, c'est l'amour, l'ivresse,
Qui vient quand sautent les bouchons!
Qui vient (*ter.*) quand sautent les bouchons!
Pif, paf!.. pif, paf!
Ah! ah! ah!
Ah!
Versez encor (*bis.*)
Ce flot d'or,
Qui pétille
Et qui brille!..
(La voix de Suzanne faiblit.)

BRIGNOLLE.

Courage donc!.. je vais à Saint-Germain!..

SUZANNE, reprenant le refrain gaiement.

Versez encor (*bis.*)
Ce flot d'or!
Qu'il pétille encor!
Versez! (*ter.*)

BRIGNOLLE, la serrant dans ses bras avec transport.

Bien!.. bien!.. ma fille! mon enfant!..

RÉGINE, entrant par le fond *.

Suzanne... tu manques ton entrée...

BRIGNOLLE, l'entraînant.

Viens!.. viens!..

SUZANNE.

Ah! tu m'as dit que je la retrouverais. (Elle sort vivement par le fond. Brignolle tombe accablé sur un fauteuil, près de la porte.)

SCÈNE XIV.

RÉGINE, BRIGNOLLE, puis LUCIEN.

RÉGINE, à elle-même.

Qu'ont-ils donc?.. C'est singulier... je me sens émue.

BRIGNOLLE.

Ah! pauvre fille!..

RÉGINE.

Qu'avait-elle donc?

BRIGNOLLE.

Rien... rien...

RÉGINE.

Décidément il se passe quelque chose...

BRIGNOLLE, se levant.

Que voulez-vous qu'il se passe? (Lucien entre par le fond.)

* Rég. Suz. Brign.

RÉGINE, *à part* *.

Lucien !

LUCIEN.

Suzanne est charmante!.. elle a fait une entrée superbe.

BRIGNOLLE.

Vraiment?.. elle joue?.. et elle aura du succès, n'est-ce pas? (*Serrant la main de Lucien.*) C'est bien à vous de me dire ça, parce que... voyez-vous... si vous saviez... (*Il chancelle.*)

LUCIEN, *le soutenant.*

Qu'avez-vous donc ?

BRIGNOLLE.

Rien... comment! moi... un homme... je m'avise de chanceler... quand Suzanne... est là... quand Suzanne a le courage... Allons! ferme sur les jambes, vieux Brignolle!.. ta Suzanne a encore besoin de toi ! (*Il sort vivement par le fond.*)

RÉGINE, *à part, passant à droite.*

Ah çà! qu'est-ce qui lui prend ?

SCÈNE XV.

LUCIEN, RÉGINE.

RÉGINE, *s'asseyant à droite.*

Enfin, vous voilà!.. Comme ça, vous ne m'aimez plus?..

LUCIEN.

Et vous ?

RÉGINE.

Vous me croyez donc bien sotte... Ah! j'ai été furieuse contre vous... si furieuse, que j'ai été sur le point d'épouser un Persan !

LUCIEN, *riant.*

Bah!..

RÉGINE.

Oui, un grand bonnet du pays.

LUCIEN.

Ma chère Régine, j'ai voulu vous faire mes derniers adieux.

RÉGINE.

Vos adieux ?

LUCIEN, *s'approchant d'elle.*

Et, si vous voulez suivre le conseil d'un ancien ami, à l'avenir, ne pensez qu'à vos robes de bal, aux fleurs de votre coiffure. Que vos souvenirs n'aillent pas plus loin que votre valseur d'hier, qui vous a dit entre deux bonbons que vous étiez charmante et qu'il vous adorait... que vos espérances flottent tour à tour d'un nouvel attelage à une parure nouvelle. Méfiez-vous bien surtout de ce qui est vraiment l'amour, c'est-à-dire des artistes, des poëtes; ces gens-là ont parfois sur eux du cœur et du dévouement, si vous veniez à en aimer un... ça changerait

* Rég. Luc. Brign.

vos habitudes, et ça causerait un chagrin vif à madame Taupin, une excellente femme !.. N'aimez que votre perruche ; si cette affection-là s'envole un beau matin par la fenêtre, achetez-en une autre. Dansez, riez, valsez, que votre existence soit une chanson que vous chanterez seule... et toujours comme ça... jusqu'à la fin du monde !..

RÉGINE.

13 juin 57...

LUCIEN, riant.

Oui, voilà. Elle va bien, votre tante?

RÉGINE, se levant.

Très-bien ; mais cette explication ne me suffit pas... je veux savoir...

LUCIEN.

Ah ! quelles boucles d'oreilles avez-vous là ?.. Tenez, j'ai sur moi deux boutons en diamants... (Il tire de sa poche un petit écrin, l'ouvre et le met sous les yeux de Régine.) Comment les trouvez-vous ?..

RÉGINE, contemplant les diamants.

Ah ! charmants ! oh ! c'est très-gentil !..

LUCIEN.

Eh bien ! acceptez-les... je vous en prie ..

RÉGINE, prenant l'écrin.

Soit !.. ils me rappelleront votre indigne conduite !.. mon petit Lucien, vous viendrez me voir en ami, n'est-ce pas ?

LUCIEN.

Certainement ! (A part.) Jamais !

RÉGINE, à part.

Le monstre ! quand il viendra, je n'y serai pas.

SCÈNE XVI.

LES MÊMES, BRIGNOLLE.

BRIGNOLLE, entrant par le fond *.

Ah ! comme elle a joué... quel succès !

LUCIEN.

Suzanne ?.. et moi qui oubliais mon bouquet !..

RÉGINE, considérant les diamants, à part.

Ça doit valoir quatre mille francs cela.

LUCIEN, allant à Régine **.

Sans rancune, Régine.

RÉGINE.

Sans rancune, Lucien.

ENSEMBLE.

AIR : *Courons sans perdre de temps* (ENFANTS TERRIBLES).

Vivent les folles amours
Qui ne durent que huit jours !..

* Luc. Brign. Rég.
** Brign. Luc. Rég.

Chacun peut, avec gaîté,
Reprendre sa liberté.

(Régine et Lucien sortent en riant par le fond.)

BRIGNOLLE, seul.

Me voilà plus calme du côté de Suzanne; mais cette petite Marie qui court les champs, où diable peut-elle être?

SCÈNE XVII.

BRIGNOLLE, MARIE. Marie entre vivement par le fond. — Elle est vêtue simplement et voilée.

BRIGNOLLE, se retournant vivement au bruit de la porte qui se ferme.

Une dame! (Marie s'approche de Brignolle.)

MARIE, levant son voile en souriant.

Bonjour, monsieur le notaire.

BRIGNOLLE, faisant un saut.

Mam'selle Marie!.. vous ici!..

MARIE.

Oui, Marie, qui vous a entendu hier, monsieur le menteur. Dieu! que c'est vilain, à votre âge, de mentir comme cela!..

BRIGNOLLE.

Méchante enfant!.. quelle imprudence!..

MARIE.

Oh! je ne suis pas venue seule... Madame Bernard, une bonne voisine, m'a accompagnée... Je n'ai rien voulu dire à ma tante... elle se serait opposée à mon projet!.. Quand j'ai su que ma sœur jouait la comédie et qu'elle se cachait de moi de peur que je ne rougisse d'elle, je me suis dit: je découvrirai le théâtre où elle joue, j'irai l'y trouver, et je ne la quitterai plus!...

BRIGNOLLE.

Mais votre sœur a appris votre départ... elle est dans une inquiétude...

MARIE.

Pauvre sœur!.. Dites donc, monsieur Brignolle?..

BRIGNOLLE, abasourdi, à part.

Elle sait mon nom d'artiste!..

MARIE.

Je viens de la voir... de l'applaudir... Ah! elle croit que je puis rougir d'elle!.. moi... ma Suzanne!.. Oh! je veux qu'elle sache que je suis fière de son talent comme de son amour.

BRIGNOLLE, très-troublé.

C'est elle... je l'entends... Si elle vous voyait ainsi subitement... il faut la préparer... Tenez... entrez là!.. (Il la fait entrer dans un cabinet à gauche. — Seul.) Ah! les enfants! comme j'ai bien fait de n'en pas avoir...

SCÈNE XVIII.

BRIGNOLLE, SUZANNE, puis LUCIEN. Suzanne entre avec agitation par le fond.

SUZANNE.

Enfin, je suis libre !.. je peux partir.

BRIGNOLLE, à part.

Comment lui annoncer!.. Ah! ma foi, tant pis... Suzanne, réjouis-toi... Marie...

SUZANNE.

Eh bien?..

BRIGNOLLE.

Elle est retrouvée...

SUZANNE, avec un cri de joie.

Ah!.. et où est-elle?..

BRIGNOLLE.

A... à Saint-Germain. (A part.) Je lui dirai plus tard...

LUCIEN, entrant vivement par le fond, un bouquet à la main *.

Ah! mon Dieu!.. Suzanne... si vous saviez...

SUZANNE.

Qu'avez-vous?.. comme vous êtes agité!

LUCIEN.

On le serait à moins... La tête de Méduse!.. Figurez-vous qu'en vous apportant ce bouquet, je heurte dans l'escalier un Monsieur... le Monsieur se retourne!.. et je reconnais qui?... mon père!... mon père... dans un théâtre!.. (Suzanne a pris le bouquet qu'elle a posé sur la table de droite.)

PRINCARRET, en dehors.

Mais je vous dis que l'on m'attend... Je ne me trompe jamais...

SUZANNE, à part.

Cette voix!..

LUCIEN.

C'est lui!

SUZANNE, à part.

M. Princarret!.. son père!..

BRIGNOLLE, à part.

Ah! bon! ah! bien! ça se corse, ça se corse!..

LUCIEN.

Cachez-moi... Ah! là... (Il s'élance vers le cabinet de gauche.)

BRIGNOLLE, le retenant.

Non!.. pas par là... par ici... (Il le pousse dans un cabinet à droite. Au même instant, Princarret parait au fond. — Suzanne a passé à gauche.)

BRIGNOLLE, à part.

Il était temps!..

SUZANNE, à part **.

Ah! je tremble!...

* Brign. Luc. Suz.
** Suz. Princ. Brign.

SCÈNE XIX.

SUZANNE, PRINCARRET, BRIGNOLLE, puis MARIE, puis LUCIEN.

PRINCARRET, entrant par le fond, à Suzanne.

Je viens de votre théâtre... je vous fais mon compliment... vous jouez fort bien la comédie!

BRIGNOLLE, à part.

Patatras!...

PRINCARRET.

Ainsi, Mademoiselle, hier à Saint-Germain, vous me trompiez!...

SUZANNE.

Monsieur...

BRIGNOLLE, à part.

Diable! (Haut, à Princarret.) Monsieur...

PRINCARRET, à Suzanne, en éloignant Brignolle du geste.

Vous me trompiez!...

BRIGNOLLE.

Mais permettez, Monsieur...

PRINCARRET, impatienté.

Ah çà! mon brave homme, qu'est-ce que vous me voulez?.. Je ne vous connais pas... qui êtes-vous?..

BRIGNOLLE.

Oh! mon Dieu!.. ce que vous disiez... un brave homme... je suis même votre locataire, monsieur Princarret... rue de l'Échiquier... n° 10, la petite chambre du sixième... (Avec dignité.) Je vous ai payé mon terme ce matin, Monsieur.

PRINCARRET, radouci.

Ah!... (Il le salue légèrement.)

BRIGNOLLE.

Et j'ai le droit de vous demander réparation.

PRINCARRET.

Réparation?

BRIGNOLLE.

Oui, Monsieur... C'est-à-dire des réparations... ma cheminée fume... mais je n'y fais jamais de feu... seulement, comme je suis le vieil ami de Suzanne, il me semble que je puis bien glisser un petit mot... les jeunes gens s'aiment, Monsieur.

PRINCARRET.

Peuh!..

BRIGNOLLE.

C'est naturel, ça... qui est-ce qui n'a pas aimé un peu?... vous-même, Monsieur Princarret...

PRINCARRET.

Jamais!

BRIGNOLLE.

Vous avez été jeune!...

PRINCARRET.

Jamais!... j'ai toujours été dans les affaires.

BRIGNOLLE.

C'est égal... vous êtes bon...

PRINCARRET.

Je ne suis pas bon!.. Ah çà! me prenez-vous pour un père de l'ancien Gymnase?

BRIGNOLLE, à part.

Comme il traite les pères du Gymnase! (Avec une grande émotion.) Ah! Ferville! mon pauvre Ferville!..

PRINCARRET, à Suzanne.

Ce dont je me plains, Mademoiselle, c'est votre manque de franchise avec moi... vous deviez me parler... me prévenir de votre profession...

SUZANNE, vivement.

Je vous avais écrit, Monsieur.

BRIGNOLLE, tirant la lettre de sa poche et la présentant à Princarret.

Et voici la lettre! (Musique à l'orchestre pendant la lecture de la lettre.)

PRINCARRET, prenant la lettre.

Ah!... (L'ouvrant et lisant.) « Monsieur, vous m'avez fait l'honneur de me demander la main de ma sœur Marie... je me dois à moi-même de vous dire la vérité, et vous déciderez ensuite. Ma sœur et moi, nous sommes restées orphelines. J'avais seize ans et Marie était un enfant... Il me fallait assurer son existence... mais mon travail était insuffisant pour soutenir cette petite sœur, dont j'étais devenue l'unique appui. Un soir que je brodais en chantant, on me trouva de la voix, on me conseilla de me mettre au théâtre. Le théâtre! le talent!.. c'est la fortune peut-être, me disais-je!.. et pour ma sœur, je suis devenue comédienne!... » (A Suzanne.) Comment, Mademoiselle, c'est pour cela?...

BRIGNOLLE.

Oui, Monsieur, c'est pour cela.

PRINCARRET.

C'est fort louable, Mademoiselle... mais vous devez comprendre que ce mariage est impossible!.. Il y a des honnêtes gens partout, je le sais... et je le vois... mais j'ai une famille... des amis... Mon Dieu! à Paris, on fait bon marché des scrupules et des préjugés... à Paris, tout s'oublie au bout de huit jours... mais j'habite la province, Mademoiselle, et je ne veux pas qu'à Bordeaux, dans nos cercles, on dise : Vous savez bien... le fils Princarret... il a épousé la sœur d'une actrice!...

BRIGNOLLE.

Ils sont donc bien collet-monté à Bordeaux!

SUZANNE, à Princarret.

Et si tout le monde l'ignorait?...

PRINCARRET.

Comment?..

SUZANNE.

Si je vous jurais que ma sœur ignore que je suis comédienne?.. si je vous jurais qu'elle l'ignorera toujours?

BRIGNOLLE, à part.

Allons, bon! (Il regarde le cabinet de gauche.) Et l'autre qui ne perd pas un mot!..

PRINCARRET, à Suzanne.

Que voulez-vous dire?..

SUZANNE.

Oui, Monsieur, je l'ai élevée loin de cette vie de théâtre si pleine de séductions et de dangers.

AIR : *Loin de sa mère.* (HENRION.)

Depuis dix ans, Monsieur, comme une mère,
Oui, j'ai veillé... car je l'avais juré!..
Pour son bonheur, parlez... que faut-il faire?..
Ordonnez tout.. je vous obéirai.
Faut-il partir?.. Eh bien! je partirai!..
Loin de ma sœur, si votre ordre m'appelle,
Je partirai... dès demain... à l'instant!..
Qu'un autre amour me remplace à présent!..
Comme le mien, qu'il lui reste fidèle...
Car, jusqu'au bout, j'ai tenu mon serment. } *bis.*

(Marie, au milieu du couplet, est sortie du cabinet de gauche, et s'est arrêtée au fond pour écouter.)

PRINCARRET.

C'est bien!... (Bas à Brignolle.) C'est très-bien!.. (Haut à Suzanne.) Et vous consentiriez à une séparation?

SUZANNE.

J'accepte, Monsieur!.. j'accepte tout!..

MARIE, descendant vivement près de sa sœur *.

Et moi, Marguerite... je refuse!...

SUZANNE, stupéfaite.

Marie!.. (Lucien paraît à la porte de droite et écoute.)

BRIGNOLLE, à part.

Voilà le bouquet!

PRINCARRET, à part.

Elle était là!..

MARIE, à Suzanne, en pleurant.

Ma bonne sœur, que de peines je t'ai données! que de soins, que de tendresse tu as eus pour moi!.. Et je consentirais à me séparer de toi!.. (A Princarret.) Oh! non, Monsieur, je ne pourrais pas vivre sans elle!

SUZANNE.

Marie, qu'as-tu fait?..

* Suz. Mar. Prin. Brign.

PRINCARRET, à part.

Sacredié !.. je suis ému! .. voilà que je pleure !..

BRIGNOLLE, bas à Princarret.

Cachez donc ça!.. cachez donc ça!.. (A part.) et ça vient parler des pères du Gymnase!

PRINCARRET.

Sacrebleu!.. voilà de braves cœurs!.. mais de simples comédiens se seraient-ils flattés...

« D'effacer Princarret en générosité? »

BRIGNOLLE, à part.

Il parle en vers!.. il est désarmé !..

PRINCARRET.

Ah! ma foi, on dira ce qu'on voudra à Bordeaux!.. Au diable les préjugés!.. (A Suzanne.) Mademoiselle, je vous redemande la main de votre sœur pour la main de mon fils. (L'orchestre joue l'air de la ronde du premier acte.)

BRIGNOLLE, embrassant Princarret malgré lui.

C'est très-bien ce que vous avez fait là !..

PRINCARRET.

Si encore mon brigand de fils était ici!..

BRIGNOLLE.

Ça vous ferait plaisir?.. Alors, attendez... j'ai votre affaire... (Allant au cabinet de droite.) Monsieur Lucien, votre père vous demande. (Lucien entre. — Brignolle le pousse dans les bras de Princarret.)

LUCIEN, avec joie.

Mon bon père!.. (Brignolle redescend à droite.)

PRINCARRET*.

Ah çà! tout Paris est donc dans cette loge? (A Lucien.) Me direz-vous, Monsieur, comment il se fait?..

BRIGNOLLE, à Princarret.

Je vais vous expliquer ça... nous sommes ici dans un théâtre très-bien machiné... je l'ai fait venir par une trappe... c'est un truc.

PRINCARRET, riant.

Vous me plaisez, vous! (Suzanne embrasse Marie et tend la main à Lucien. — Ils forment un groupe à gauche.)

BRIGNOLLE.

Vous aussi!

PRINCARRET.

Combien gagnez-vous ici?

BRIGNOLLE.

Dix-huit cents francs, comme second régisseur.

PRINCARRET.

Et bien! voulez-vous être premier régisseur de mes propriétés?.. je vous donne trois mille six cents francs.

* Suz. Mar. Luc. Princ. Brign.

BRIGNOLLE, secouant la tête.

Non, Monsieur... je suis né dans les coulisses... je mourrai sur les planches... comme Molière!

PRINCARRET.

Mais Molière avait du génie!

BRIGNOLLE.

Et moi, Monsieur, j'ai toujours eu du malheur... ça se ressemble. (Lucien fait passer Marie près de son père qui l'embrasse. — Le rideau tombe.)

FIN.

LAGNY. — Imprimerie de VIALAT.

www.ingramcontent.com/pod-product-compliance
Ingram Content Group UK Ltd.
Pitfield, Milton Keynes, MK11 3LW, UK
UKHW021503260726
13993UKWH00004B/1547

9 782329 313344